Welcher Sport für wen?

Welcher Sport für wen?

Julia Schmid, Vanessa Gut, Nina Schorno, Gorden Sudeck, Achim Conzelmann

Julia Schmid
Vanessa Gut
Nina Schorno
Gorden Sudeck
Achim Conzelmann

Welcher Sport für wen?

Motivationspsychologische Perspektiven
zur Passung von Person und Sportaktivität

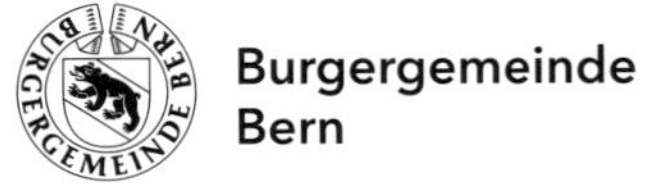

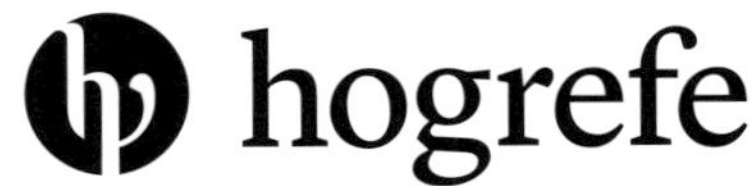

PD Dr. Julia Schmid
Institut für Sportwissenschaft
Universität Bern
Bremgartenstrasse 145
CH-3012 Bern
E-Mail: julia.schmid@unibe.ch

Dr. Vanessa Gut
Universität Luzern
Fakultät für Gesundheits-wissenschaften und Medizin
Alpenquai 4
CH-6005 Luzern
E-Mail: vanessa.gut@unilu.ch

Dr. Nina Schorno
Institut für Sportwissenschaft
Universität Bern
Bremgartenstrasse 145
CH-3012 Bern
E-Mail: nina.schorno@unibe.ch

Prof. Dr. Gorden Sudeck
Institut für Sportwissenschaft
Eberhard Karls Universität Tübingen
Wilhelmstr. 124
D-72074 Tübingen
E-Mail: gorden.sudeck@uni-tuebingen.de

Prof. Dr. Achim Conzelmann
Institut für Sportwissenschaft
Universität Bern
Bremgartenstrasse 145
CH-3012 Bern
E-Mail: achim.conzelmann@unibe.ch

Bibliografische Information der Deutschen Nationalbibliothek
Die Deutsche Nationalbibliothek verzeichnet diese Publikation in der Deutschen Nationalbibliografie; detaillierte bibliografische Daten sind im Internet über http://www.dnb.de abrufbar.

Anregungen und Zuschriften bitte an:
Hogrefe AG
Lektorat Psychologie
Länggass-Strasse 76
3012 Bern
Schweiz
Tel. +41 31 300 45 00
info@hogrefe.ch
www.hogrefe.ch

Lektorat: Dr. Susanne Lauri, Wiebke Erchinger
Bearbeitung: Tobias Gaudin, Gießen
Herstellung: Daniel Berger
Umschlagabbildung: Adrian Moser, Bern
Umschlag: Daniel Berger
Satz: punktgenau GmbH, Bühl
Druck und buchbinderische Verarbeitung: Finidr s. r. o., Český Těšín
Printed in Czech Republic
Auf säurefreiem Papier gedruckt

1. Auflage 2024

(E-Book-ISBN_PDF 978-3-456-95684-8)
(E-Book-ISBN_EPUB 978-3-456-75684-4)
ISBN 978-3-456-85684-1
https://doi.org/10.1024/85684-000

Inhaltsverzeichnis

Vorwort

Forschungsprogramme haben in ihrem Entstehen ihre eigene Dynamik und ihre eigene Geschichte, die geprägt ist von Zufällen, von Gelegenheiten und vor allem von Personen.

Die Geschichte des Forschungsprogramms „Welcher Sport für wen?“ begann 2004 in Kiel. Vom Landessportverband Schleswig-Holstein erhielten wir, die Abteilung Sportpsychologie und Bewegungswissenschaft der CAU Kiel (Marion Blank, Katrin Lehnert und ich), den Auftrag, ein Sportprogramm für Neu- und Wiedereinsteiger und -einsteigerinnen zu konzipieren, durchzuführen und zu evaluieren. Das abwechslungsreiche und nach dem damals aktuellen Kenntnisstand der sportbezogenen Gesundheitsförderung konzipierte Programm fand bei einigen Teilnehmenden großen Anklang, andere wiederum beendeten das auf zehn Wochen angelegte Programm vorzeitig. Dabei fiel uns auf, dass überzufällig viele Männer, die in ihrer Jugend und im frühen Erwachsenenalter Spielsportarten betrieben hatten, nicht bis zum Ende des Programms dabeiblieben. Nun mag es viele Gründe geben, eine freizeitsportliche Aktivität zu beenden, die wir bei den damaligen Kursteilnehmenden nicht systematisch analysierten. Gleichwohl setzte sich in unseren Köpfen der Gedanke fest, dass die Drop-outs zu wesentlichen Teilen durch eine mangelnde Passung zwischen den Motiven und Zielen der uns verloren gegangenen Teilnehmenden und den Anreizen unseres Sportangebots zustande gekommen sein könnten. Aus diesem Blickwinkel lag es nahe anzunehmen, dass ehemalige Spielsportler, die sich in ihrer ersten Lebenshälfte für Spielen, Wettkämpfen und Miteinander-Sporttreiben begeisterten, an einem rein fitness- und gesundheitsorientierten Programm keinen Gefallen fanden. Doch zunächst ließen wir die Sache auf sich beruhen.

Im Jahre 2007, mittlerweile an der Universität Bern angekommen, suchten Katrin Lehnert, Gorden Sudeck und ich nach einer gemeinsamen Projektidee, bei der wir unsere durchaus unterschiedlichen Interessen unter einen Hut bringen konnten. Während sich Gorden Sudeck zu dieser Zeit primär für motivationale und volitionale Prozesse in der sportbezogenen Gesundheitsförderung interessierte, ging es Katrin Lehnert und mir um differenzielle Fragen der Sportpsychologie, also um die Beschreibung und Erklärung von *Unterschieden* im Erleben und Verhalten von Menschen. Aus dieser „Gemengelage“ heraus entstand unser Projekt „Welcher Sport für wen?“ (2008–2010). Ziel dieses Projekts war einerseits, einen Fragebogen zu entwickeln, mit dem sich Motive und Ziele im Freizeit- und Gesundheitssport erfassen lassen (Berner Motiv- und Zielinventar, BMZI) und darauf aufbauend motivbasierte Sporttypen zu ermitteln. Andererseits ging es darum, eine Passung zwischen den gefundenen Sporttypen und unterschiedlichen Sportangeboten herzustellen und zu prüfen, inwieweit diese Passung das Wohlbefinden während und nach der Sportaktivität fördert.

Auf dieses Projekt folgten in den 2010er-Jahren einige weitere Projekte, mit denen wir die erfasste Lebensspanne, aber auch die intendierten Anwendungsbereiche unseres Ansatzes sukzessive ausweiteten, das BMZI weiterentwickelten und schließlich in das Beratungskonzept COMET münden ließen (vgl. Tabelle 0-1):

Forschungsprojekte werden in aller Regel mindestens (!) mitgetragen von Nachwuchswissenschaftlerinnen und -wissenschaftlern, die sich im Rahmen ihrer Qualifikationsarbeiten mit einem Teilaspekt eines Forschungsprogramms auseinandersetzen, Teilprojekte konzipieren und durchführen sowie die Erträge ihrer Forschung in Publikationen dokumentieren. Gorden Sudeck war von 2007 bis 2011 als Postdoktorand in meiner Abteilung tätig. Er hat das Projekt mitinitiiert und begleitet es auch nach seinem Wechsel 2011 auf eine W3-Professur für Sportwissenschaft an der Universität Tübingen als Kooperationspartner. Ebenfalls Mitinitiantin war Katrin Lehnert, die 2011 mit ihrer – 2013 mit dem Karl-Feige-Preis ausgezeichneten – Dissertation „Differentielle Wohlbefindenseffekte durch Sport – der Erklärungsbeitrag von sportbezogenen Motiven und Zielen“ ihr Promotionsstudium abgeschlossen hat.

In der Folgezeit promovierten innerhalb des Forschungsprogramms Vera Molinari 2015 mit der Arbeit „Differentielle Aspekte aktueller Befindlichkeit im Verlauf von Sportaktivitäten im höheren Erwachsenenalter“, Vanessa Gut 2020 zum Thema „Potentiale und Herausforderungen des person-orientierten Ansatzes zur Erklärung des individuellen Sportverhaltens von Jugendlichen und jungen Erwachsenen“ und Nina Schorno 2021 mit ihrer Dissertation „Von der Theorie in die Praxis: Konzeption, Umsetzung und Wirksamkeitsüberprüfung einer individuellen Sportberatung“.

Eine Nachwuchswissenschaftlerin nimmt innerhalb unseres Forschungsprogramms eine besondere Rolle ein: Julia Schmid. Als studentische Hilfskraft war sie bereits in den Anfängen von „Welcher Sport für wen?“ Teammitglied, promovierte 2014 mit der Arbeit „‚One size doesn’t fit all‘: Studien zur maßgeschneiderten Sportförderung im Betrieb und im höheren Erwachsenenalter“, habilitierte sich 2021 und wird – so mein Wunsch – als Dozentin an unserem Institut unser Forschungsprogramm in die Zukunft begleiten.

Ohne das große Engagement meines wissenschaftlichen Nachwuchses, die tatkräftige Mithilfe unserer zahlreichen studentischen Hilfskräfte und die über Jahre hinweg hervorragende Teamarbeit wäre „Welcher Sport für wen?“ nicht in dieser Form entstanden. Daher gilt mein besonderer Dank allen, die in den letzten eineinhalb Jahrzehnten am Forschungsprogramm beteiligt waren.

Bei der Erstellung des vorliegenden Buches, mit dem wir die Erträge unserer Arbeit einem breiteren Leserinnen- und Leserkreis zugäng-

Tabelle 0-1: Übersicht über die Forschungsprojekte

Laufzeit	Projekt
2008-2010	Maßgeschneiderte Sportangebote im mittleren Erwachsenenalter – das „Welcher Sport für wen?“-Projekt
2010-2011	Maßgeschneiderte Sportangebote in der betrieblichen Gesundheitsförderung
2013	Sportbezogene Motive und Ziele im höheren Erwachsenenalter und deren Wirkung auf das Wohlbefinden
2015-2017	Sportbezogene Motive und Ziele im Jugend- und frühen Erwachsenenalter
2018-2019	Entwicklung und Umsetzung einer individuellen Sportberatung basierend auf Motiven und Zielen – der COMET Ansatz

lich machen möchten, haben viele Personen mitgewirkt. Neben den Autorinnen und Autoren geht der Dank an Nina Schorno, die neben ihrer Tätigkeit als Autorin auch redaktionelle Aufgaben übernommen hat, und an Julia Schmid, die das Buchprojekt federführend begleitete. Beide wurden tatkräftig unterstützt von unserer studentischen Hilfskraft, Anna Bleiker. Zu danken ist auch dem Hogrefe Verlag und insbesondere unseren Lektorinnen, Susanne Lauri und Wiebke Erchinger, die uns stets hilfreich zur Seite standen und wesentlich dafür verantwortlich sind, dass dieses Buch nun in der vorliegenden Form entstehen konnte.

Bern, im Januar 2024
Achim Conzelmann

1 Einführung

Vor einem halben Jahrhundert bestand Sport vornehmlich aus wettkampfsportlichen Aktivitäten junger Männer in olympischen Sportarten. Seit den 1970er-Jahren hat er sich stark entwickelt. Heute ist er eine Freizeitaktivität für unterschiedlichste Personengruppen (z.B. verschiedene Ethnien, Geschlechter und Altersgruppen), an unterschiedlichsten Örtlichkeiten (z.B. im Wald, im Fitnesscenter oder auf dem Sportplatz), mit unterschiedlichsten Organisationsformen (z.B. selbstorganisiert, Sportverein oder kommerzieller Anbieter), Motiven und Zielsetzungen (z.B. Fitnesssteigerung, Stressabbau, sozialer Kontakt). Zwei Entwicklungslinien des Sports sind besonders markant: erstens die *Versportlichung der Kultur und Gesellschaft* und zweitens die *Entsportlichung des Sports* (Grupe, 2000; Lamprecht, Bürgi & Nagel, 2022).

Die *Versportlichung der Kultur und Gesellschaft* meint, dass Sport mittlerweile breitere Bevölkerungskreise und Lebensbereiche umfasst und zu einem „Kulturphänomen“ (Grupe, 2000, S. 14) geworden ist. Sport spielt in der heutigen Gesellschaft eine wichtige Rolle. Immer mehr Menschen treiben Sport. Während z.B. in der Schweizer Bevölkerung 1978 noch ein Drittel nie sportlich aktiv war, gaben 2020 nur noch 16% an, sportlich inaktiv zu sein (Lamprecht, Bürgi & Stamm, 2020).

Mit der *Entsportlichung des Sports* wird betont, dass sich der Sport mittlerweile stark ausdifferenziert hat und sich entsprechend nicht mehr nur auf die traditionellen, wettkampforientierten Sportarten beschränkt (Grupe, 2000). Es gibt zahlreiche neue Sportarten und sportartenungebundene Bewegungsaktivitäten. Abbildung 1-1 zeigt, wie vielfältig die betriebenen Sportaktivitäten der Schweizerinnen und Schweizer heute sind.

Wichtige Gründe für die Versportlichung unserer Gesellschaft und die Entsportlichung des Sports sind eine zunehmend bewegungsarme Umwelt und die Erhöhung der frei zur Verfügung stehenden Zeit. Immer mehr Menschen sind in Berufen tätig, die körperlich nicht beanspruchend sind. Zur Bewältigung der Aufgaben im Haushalt stehen uns vielfältige Hilfsmittel zur Verfügung und mobil sind wir nahezu auch ohne körperliche Anstrengung. Dies trägt zu einer Reihe von psychophysischen Beeinträchtigungen und Krankheiten bei. In den letzten Jahrzehnten wurde zunehmend erkannt, dass Sport einen wesentlichen Beitrag zur Förderung der biopsychosozialen Gesundheit leistet. Er senkt nicht nur das Risiko für verschiedene körperliche und psychische Erkrankungen (Reiner, Niermann, Jekauc & Woll, 2013; Schuch et al., 2018), sondern verbessert auch die Lebensqualität und das Wohlbefinden (Buecker, Simacek, Ingwersen, Terwiel & Simonsmeier, 2020).

Obwohl die vielfältigen positiven Wirkungen des Sports bekannt sind, ist ein Teil der Menschen sportlich inaktiv oder unregelmäßig

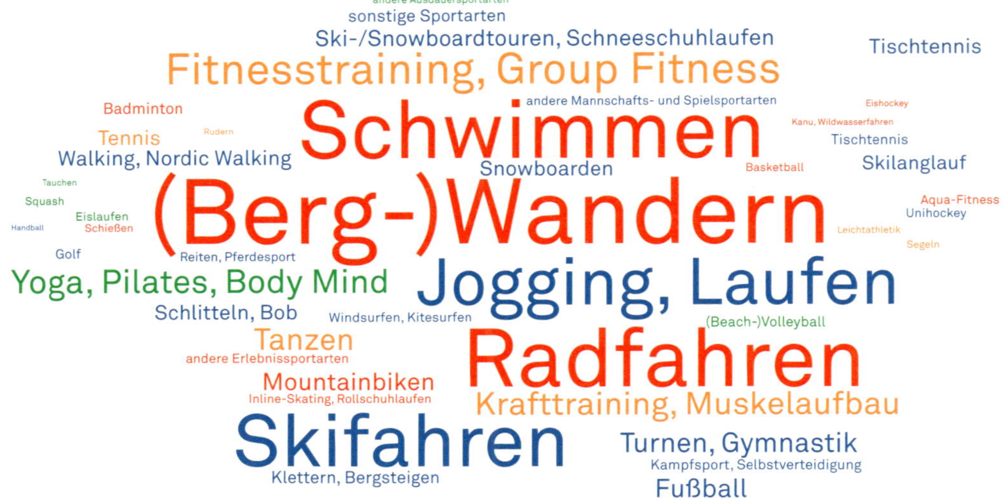

Abbildung 1-1: Beliebteste Sportaktivitäten der Schweizer Bevölkerung. Die Schriftgröße entspricht dem prozentualen Bevölkerungsanteil, der der jeweiligen Sportaktivität nachgeht (vereinfacht nach Lamprecht et al.. 2020, S. 24)

sportlich aktiv. Nach wie vor treibt fast jede sechste Person in der Schweiz gar keinen Sport (Lamprecht et al., 2020). Dazu kommt, dass ein Drittel der Schweizer Bevölkerung weniger als einmal oder etwa einmal pro Woche sportlich aktiv ist. In Europa sind rund 43 % der Bevölkerung sportlich inaktiv (European Commission, 2018). Weltweit zeigt sich, dass knapp 30 % der Menschen die Empfehlungen für körperliche Aktivität nicht erreichen (Guthold, Stevens, Riley & Bull, 2018). Deshalb ist es ein zentrales Anliegen der Gesellschaft und Politik, diese Menschen beim Aufbau eines körperlich aktiven Lebensstils zu unterstützen.

In diesem Buch gehen wir davon aus, dass eine wirksame Bewegungs- und Sportförderung darauf abzielen sollte, eine möglichst gute Passung zwischen der Person und der sportlichen Aktivität herzustellen. Denn es gibt eine große Vielfalt sowohl auf der Seite der Menschen als auch – das haben vorangehende Ausführungen deutlich gemacht – auf der Seite des Sports (vgl. Abbildung 1-2). Gelingt eine Person-Sport-Passung, so erhöht sich die Chance, dass Menschen nicht nur mit Sport beginnen, sondern auch dabeibleiben.

Dieses Buch gliedert sich wie folgt:

- In Kapitel 2 vermitteln wir die theoretischen Grundlagen der Person-Sport-Passung. Wir geben einen Überblick, welche Merkmale relevant sind, wenn eine Passung hergestellt werden möchte. Zudem erläutern wir, warum sportbezogene Motive und Ziele einer Person und die Anreize einer Sportaktivität fokussiert werden sollten.
- In Kapitel 3 beschreiben wir die konkreten Motive und Ziele über die Lebensspanne und zeigen auf, wie sie standardisiert und ökonomisch erfasst werden können.
- In Kapitel 4 legen wir dar, wie Personen anhand ihrer Motiv- und Zielprofile gruppiert werden können, und präsentieren die sogenannten motivbasierten Sporttypen.
- In Kapitel 5 erläutern wir, wie eine optimale Passung zwischen den Motiven und Zielen einer Person und den Anreizen einer Sportaktivität in der Praxis hergestellt werden kann: entweder durch die Entwicklung von maßgeschneiderten Sportangeboten, durch die Anpassung bzw. Erweiterung einer bestehenden Angebotspalette oder durch die

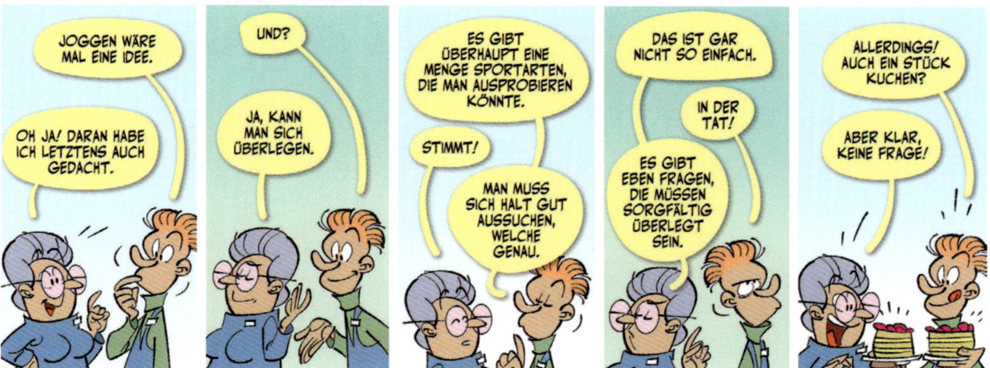

Abbildung 1-2: Eine passende Sportaktivität zu finden ist nicht einfach. Abgedruckt mit freundlicher Genehmigung von © Boris Zatko/Coopzeitung.

Durchführung einer individuellen Sportberatung.

- Im abschließenden Kapitel 6 fassen wir die Erkenntnisse des Buches zusammen und leiten Konsequenzen für die Praxis des Freizeit- und Gesundheitssports ab.

Das Buch richtet sich an eine breite Leserschaft: an Expertinnen und Experten in Erwachsenensport und Gesundheitsförderung, Erwachsenensport-Anbietende, Kursleitende, Fachkräfte in der Rehabilitation sowie Studierende und Dozierende der Sportwissenschaft.

Diese Website ergänzt das Buch mit weiterführenden Informationen, praxisorientiertem Material und Online-Fragebögen: https://bmzi.ispw.unibe.ch

2 Zur Passung von Person und Sportaktivität

Weil sowohl die Menschen als auch der Sport vielfältig sind, ist nicht jede Aktivität für jede Person passend. Diesem Umstand wird seit jeher zu einem gewissen Grad Rechnung getragen. So wird z. B. Neueinsteigerinnen und -einsteigern häufig Schwimmen empfohlen, älteren Menschen Nordic Walking und Frauen Yoga. Für die Herstellung einer optimalen Passung greifen solche Empfehlungen jedoch zu kurz. Denn *distale* Merkmale wie das aktuelle Sportniveau, das Alter oder Geschlecht reichen nicht aus, um eine geeignete Sportaktivität auszuwählen. Und zwar deshalb, weil Personen mit dem gleichen Sportniveau, Alter oder Geschlecht keineswegs homogen sind. Beispielsweise können Gleichaltrige eine sehr unterschiedlich ausgeprägte aerobe Ausdauerleistung oder einen sehr unterschiedlich stark ausgeprägten Wunsch nach sozialem Kontakt im Sport haben (vgl. z. B. Conzelmann, 2011).

Um eine optimale Passung herzustellen, müssen daher *proximale* Merkmale, wie die psychischen und körperlich-motorischen Voraussetzungen einer Person, berücksichtigt werden. Abbildung 2-1 zeigt die distalen und proximalen Merkmale im Überblick.

2.1 Relevante Merkmale für die Passung

Zu den relevanten psychischen Voraussetzungen einer Person gehören deren sportbezogene Motive und Ziele, also die Gründe, warum

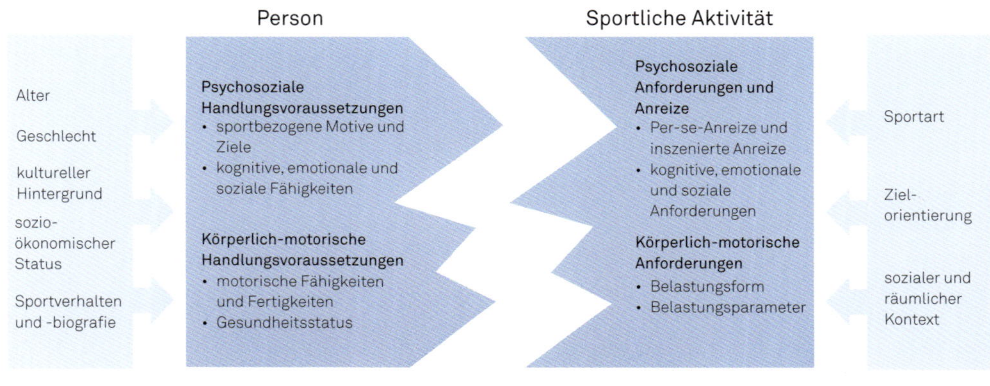

Abbildung 2-1: Relevante Merkmale der Passung zwischen Person und sportlicher Aktivität

sie aktiv ist oder zukünftig sein möchte (vgl. Kapitel 3). Möchte die Person ihre Gesundheit durch sportliche Aktivitäten fördern, ihre Leistung steigern, schöne Bewegungen erleben oder mit Freunden gemeinsam etwas unternehmen (Gut, Schmid & Conzelmann, 2019; Lehnert, Sudeck & Conzelmann, 2011; Schmid, Gut, Conzelmann & Sudeck, 2018)? Im Idealfall wird eine Aktivität ausgewählt, mit der sich die individuellen Motive und Ziele befriedigen lassen, sprich: eine Aktivität, die die passenden Anreize bietet.

Wir unterscheiden zwischen „Per-se-Anreizen“ und inszenierten Anreizen. Per-se-Anreize ergeben sich aufgrund der spezifischen Charakteristik einer Sportart/-aktivität. Abbildung 2-2 zeigt die Per-se-Anreize von Jogging, Salsa und Fußball. Um diese Anreizprofile zu ermitteln, wurden 65 Personen im Alter von 24,6 Jahren (Altersrange: 20–34 Jahre, 62% Frauen) befragt, welche Anreize sie – im Mittel – den genannten Sportarten zuweisen würden (Zeller, 2018). Es zeigt sich, dass z. B. Salsa tanzen eher die Möglichkeit bietet, ästhetische Bewegungen zu erleben, als Jogging. Demgegenüber kann mit Jogging eher die Fitness verbessert werden als mit Salsa.

Die Anreize von Sportaktivitäten sind jedoch nicht fix, sondern können durch unterschiedliche Inszenierungen (leicht) verändert werden. Nehmen wir das Beispiel Jogging: Wenn in der Gruppe gelaufen wird, so wird das Motiv Kontakt eher befriedigt als beim Laufen allein. Gelaufen werden kann draußen in der Natur oder auf dem Laufband, womit das Motiv Ablenkung/Stressabbau unterschiedlich angesprochen wird. Schließlich befriedigt ein Lauftraining mit vorgegebenen Intensitäten und Umfängen das Motiv Wettkampf/Leistung eher als ein lockerer Waldlauf.

Zu den relevanten psychosozialen Voraussetzungen einer Person zählen weiter die kognitiven (z. B. Regelkenntnisse), sozialen (z. B. die soziale Kompetenz, die es braucht, um in einer Sportgruppe integriert zu sein) und emotionalen Fähigkeiten (z. B. Umgang mit der Angst bei Risikosportarten). Auch diese Aspekte können für die Wahl einer passenden Sportaktivität eine Rolle spielen.

Unter die körperlich-motorischen Handlungsvoraussetzungen fallen motorische Fähigkeiten (Kraft, Ausdauer, Schnelligkeit, Koordination, Beweglichkeit) und Fertigkeiten einer Person. Zusätzlich spielt der Gesundheitsstatus

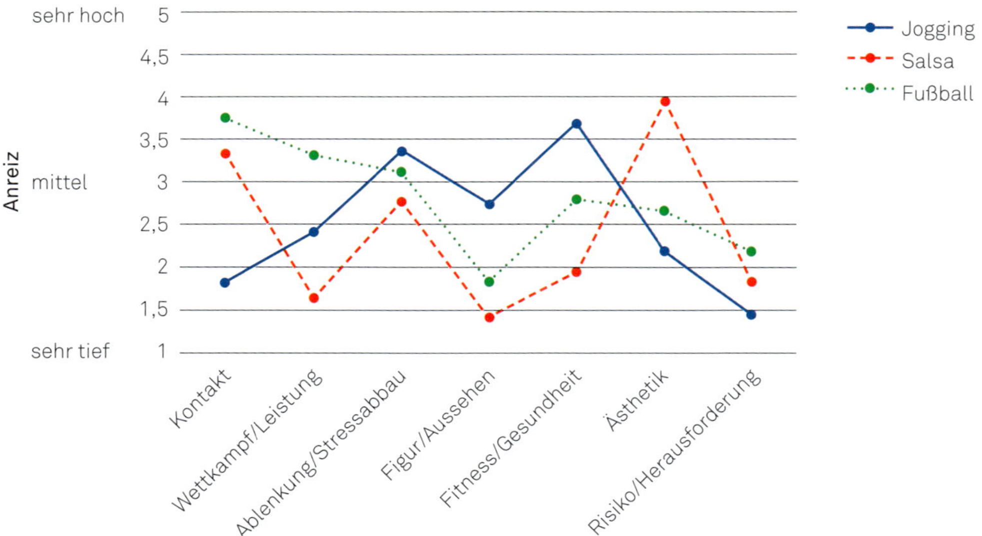

Abbildung 2-2: Per-se-Anreizprofile von Jogging, Salsa und Fußball (Zeller, 2018, S. 28)

mit (früheren) Erkrankungen und Einschränkungen eine wichtige Rolle. Alle Merkmale bieten wichtige Hinweise für die adäquate Gestaltung der körperlich-motorischen Belastung.

Die körperlich-motorische Belastung einer Sportaktivität sollte die Person weder unter- noch überfordern. So ist z. B. Bergwandern eine gute Wahl, wenn eine gewisse Grundlagenausdauerleistung und genügend Gleichgewicht vorhanden sind. Grundsätzlich sollten die Belastungsparameter (Intensität, Umfang, Häufigkeit) so modifiziert werden, dass die Aktivität den Möglichkeiten einer Person entspricht. Eine Wanderung ist für weniger fitte Personen z. B. eher umsetzbar, wenn im flachen Gelände und mit einem gemütlichen Tempo gelaufen wird.

Die vorangehenden Ausführungen verdeutlichen, dass es eine herausfordernde Aufgabe ist, eine Passung zwischen Person und Sportaktivität herzustellen. Aufgrund der Komplexität können nicht alle Personenmerkmale gleichzeitig und gleichermaßen berücksichtigt werden, vielmehr muss ein Schwerpunkt gesetzt werden. Während bislang in der Bewegungs- und Sportförderung v. a. motorische Fähigkeiten und Fertigkeiten fokussiert wurden, setzt der hier präsentierte Ansatz die sportbezogenen Motive und Ziele in den Vordergrund. Denn wenn individuelle Motive befriedigt und Ziele erreicht werden, dann führt dies zu Wohlbefinden und trägt zur Aufrechterhaltung des Sporttreibens bei (vgl. Kapitel 3.1).

2.2 Drei grundlegende Schritte hin zu einer Passung von Person und Sportaktivität

Um in der Bewegungs- und Sportförderung optimale Passungsverhältnisse zu erreichen, sind in Anlehnung an Hawkins, Kreuter, Resnicow, Fishbein und Dijkstra (2008) die drei grundlegenden Schritte Diagnostik, Segmentierung und Maßschneiderung nötig:

1. Bei der *Diagnostik* geht es darum, sich ein Bild eines Menschen zu machen, indem dessen psychische und körperlich-motorische Handlungsvoraussetzungen erfasst werden. Die Ausprägung verschiedener Personenmerkmale wird möglichst genau erhoben (z. B. mit validierten Fragebögen).
2. Bei der *Segmentierung* geht es darum, die Zielgruppe in möglichst homogene Subgruppen aufzuteilen. Das Ausmaß der Segmentierung reicht von einer „Null-Segmentierung" bis zu einer „atomistischen Segmentierung". Bei einer Null-Segmentierung wird die Zielgruppe nicht aufgeteilt. Eine Intervention richtet sich an die gesamte (erwachsene) Bevölkerung. Demgegenüber wird bei der atomistischen Segmentierung die Zielgruppe bis auf die kleinste Einheit zerlegt und folglich jede einzelne Person als ein Segment betrachtet (Kotler, Keller & Opresnik, 2017). Es gibt unterschiedliche Möglichkeiten, homogene Subgruppen zu identifizieren: basierend auf Literaturrecherchen, auf empirisch-qualitativen (z. B. Fokusgruppeninterviews) oder empirisch-quantitativen Analyseverfahren (z. B. Clusteranalysen, vgl. Exkurs „Clusteranalyse" in Kapitel 4.2.2).
3. Schließlich geht es bei der *Maßschneiderung* darum, eine Förderungsmaßnahme auf Personenmerkmale abzustimmen. Das Ausmaß der Maßschneiderung reicht von einer unspezifischen Maßnahme, welche in Inhalt und Form nicht auf die Adressaten abgestimmt ist, bis zu einer individuell angepassten Maßnahme (Hawkins et al., 2008). Weiter kann bei der Maßschneiderung intuitiv oder systematisch vorgegangen werden (Fuchs, 2003). Eine intuitive Maßschneiderung kommt z. B. zum Zuge, wenn die leitende Person ihren Sportkurs auf die Teilnehmenden anpasst und hierfür ihr Erfahrungswissen darüber heranzieht, was in der Praxis funktioniert. Demgegenüber ist eine systematische Maßschneiderung gegeben, wenn z. B. Erklärungs- und Interventionstheorien des Sportverhaltens (Fuchs, 2003) berücksichtigt werden. Aus

pragmatischen oder ökonomischen Gründen werden teilweise nicht alle gefundenen Subgruppen in der Bewegungs- und Sportförderung separat „behandelt". Es kann also z.B. sein, dass eine Maßnahme zwei Subgruppen gleichzeitig ansprechen soll, weil dadurch finanzielle Ressourcen eingespart werden können.

Abbildung 2-3 verdeutlicht, dass die Segmentierung und die Maßschneiderung zwei (weitestgehend) unabhängige Prozesse sind. Während sich die Segmentierung auf Unterscheidungen von Menschen innerhalb einer Population bezieht, betrifft die Maßschneiderung die Gestaltung der Intervention. Bei der Kampagne „Jeden Tag 3000 Schritte extra" des deutschen Bundesministeriums für Gesundheit (Bundesministerium Gesundheit, 2006) erhielt eine relativ große, undifferenzierte Personengruppe eine identische Botschaft. Sie steht dadurch beispielhaft am unteren Ende der Segmentierung und Maßschneiderung. Am oberen Ende hingegen steht ein Personal Training, bei dem die Möglichkeiten und Bedürfnisse einer Person bei der Trainingsgestaltung bestmöglich berücksichtigt werden. Dazwischen sind Sportprogramme anzusiedeln, die anhand eines Merkmals (z.B. motorische Fähigkeit) mit zwei Ausprägungen (Anfänger und Anfängerin vs. Könner und Könnerin) segmentieren und dementsprechend ihre Aktivitäten ausrichten.

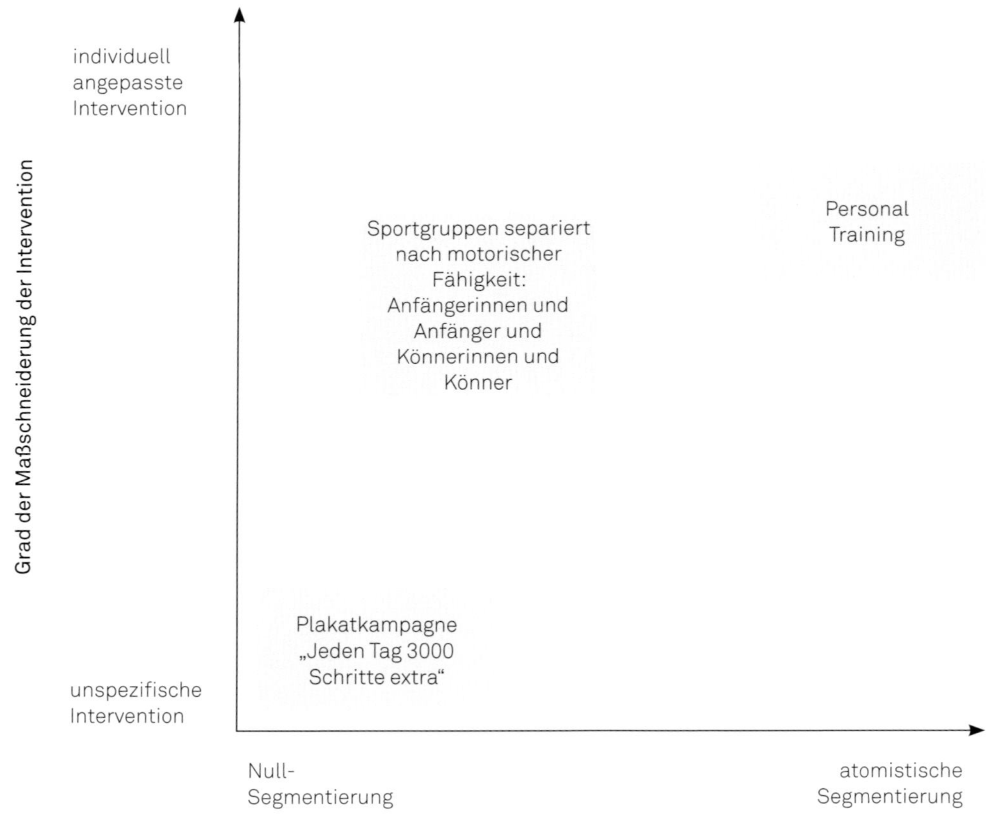

Abbildung 2-3: Grad der Segmentierung und Maßschneiderung mit beispielhaften Bewegungs- und Sportförderungsmaßnahmen (in Anlehnung an Hawkins et al., 2008)

Grundsätzlich ist davon auszugehen, dass mit zunehmendem Grad der Segmentierung und Maßschneiderung die Wirksamkeit einer Intervention steigt. Übersichtsartikel, welche die Erkenntnisse vieler Einzelstudien zusammentragen, zeigen in der Tat einen solchen Mehrwert. So verdeutlichen etwa Short, James, Plotnikoff und Girgis (2011) sowie Broekhuizen, Kroeze, van Poppel, Oenema und Brug (2012), dass individuell angepasste Maßnahmen wie z.B. ein maßgeschneidertes Feedback zum Bewegungsverhalten einer Person das Bewegungsverhalten stärker fördern als unspezifische Maßnahmen wie allgemeine Information zum Bewegungsverhalten der Bevölkerung. Eine wirksame Individualisierung sollte laut aktueller Studienlage jedoch nicht (nur) auf demografischen Merkmalen wie etwa dem Alter und dem Geschlecht basieren, sondern vielmehr auch körperlich-motorische und psychologische Handlungsvoraussetzungen berücksichtigen (Williamson, Baker, Mutrie, Niven & Kelly, 2020). Generell ist zu bedenken, dass mit zunehmendem Grad der Segmentierung und Maßschneiderung häufig auch erhöhte Interventionskosten verbunden sind (Hawkins et al., 2008). Dank der großen technischen Fortschritte der letzten Dekade kann ein Teil der erhöhten Interventionskosten jedoch mit digitalen Lösungen abgefedert werden (Williamson et al., 2020).

3 Sportbezogene Motive und Ziele

Im vorangehenden Kapitel 2 haben wir bereits angesprochen, dass sportbezogene Motive und Ziele besonders relevante Merkmale für die Person-Sport-Passung sind. In diesem Kapitel vertiefen wir diese Thematik weiter. Wir erläutern, warum Motive und Ziele für eine regelmäßige Ausübung einer Sportaktivität so bedeutsam sind (Kapitel 3.1), welche Motive und Ziele vom Jugend- bis in hohe Erwachsenenalter existieren und wie sie erfasst werden können (Kapitel 3.2).

3.1 Bedeutung der sportbezogenen Motive und Ziele für das regelmäßige Sporttreiben

Was verstehen wir genau unter sportbezogenen Motiven und Zielen? Motive und Ziele geben eine Antwort auf die Frage, *warum* Personen Sport treiben bzw. treiben würden (vgl. Definition „Motive" und Definition „Ziele"). Dabei ist es offensichtlich, dass Menschen vielfältige Gründe nennen (Gut et al., 2019; Lehnert et al., 2011; Schmid et al., 2018).

Definiton „Motive"

Explizite Motive sind selbstzugeschriebene Bedürfnisse und bewusste Ziele (Kleinbeck, 2010). Sie können z.B. durch Fragebögen erfasst werden. Implizite Motive sind hingegen unbewusst und daher nicht verbalisierbar und können nur indirekt erfasst werden, z.B. durch projektive Tests. Bei projektiven Tests werden einer Person z.B. Bilder mehrdeutiger Situationen gezeigt. Die Person wird aufgefordert, zu jedem Bild einen Text zu schreiben. Anhand dieser Texte werden dann Rückschlüsse auf die impliziten Motive der Person gezogen (Brunstein, 2010). Motive gelten zeitlich als mittelfristig stabil, d.h., sie überdauern zumindest Wochen oder Monate.

Definition „Ziele"

Ziele sind kognitive Abbilder von gewünschten Ergebnissen, Ereignissen oder Prozessen (Austin & Vancouver, 1996). Beispielsweise kann ich das Ziel haben, mein Gewicht um zwei Kilogramm zu reduzieren (Ergebnis), an einem Lauf teilzunehmen (Ereignis) oder eine bestimmte Bewegungssequenz, z.B. einen Crawl-Armzug, durchzuführen (Prozess).

Gleichwohl wird im Freizeit- und Gesundheitssport häufig einseitig das Motiv und Ziel Gesundheit angesprochen. Dies scheint zunächst nachvollziehbar, weil die Gesundheit für viele Menschen ein wichtiger Beweggrund ist. Als alleinige Basis für ein regelmäßiges Sportverhalten ist er aber meistens nicht ausreichend. So betonte bereits Fuchs (2003, S. 77), dass „eine Sportförderung, der es gelingt, das Sporttreiben schrittweise aus seiner Einengung auf das Gesundheitsmotiv zu ‚befreien', [...] für die Gesundheitsförderung am wertvollsten [ist]".

Zwei Gründe sprechen für die Berücksichtigung der Vielfalt der sportbezogenen Motive und Ziele: *Erstens* ermöglicht der Einbezug verschiedener Beweggründe einer Person eine breitere motivationale Verankerung des individuellen Sportverhaltens. Ist eine Person nicht nur aus gesundheitlichen Gründen sportlich aktiv, sondern verfolgt sie weitere Motive und Ziele, so kann sie ihr Sportverhalten längerfristig besser aufrechterhalten (Fuchs, 2003). *Zweitens* steigt das Wohlbefinden einer Person, wenn sie ihre Ziele erreicht bzw. ihre Motive befriedigt werden. Diese Wohlbefindenssteigerung ist insbesondere dann stark, wenn die Person selbstkonkordante Ziele verfolgt (vgl. Definition „Selbstkonkordanz"; Gunnell, Crocker, Mack, Wilson & Zumbo, 2014; Sudeck & Conzelmann, 2014).

Definition „Selbstkonkordanz"

Die Selbstkonkordanz beschreibt, wie stark ein Ziel den persönlichen Interessen und inneren Werten entspricht (Seelig & Fuchs, 2006; Sheldon & Elliot, 1999). Je näher ein Ziel beim „Ich", desto selbstkonkordanter ist es.

Die Ziel-Selbstkonkordanz wird in vier Modi unterteilt (Seelig & Fuchs, 2006; Sheldon & Elliot, 1999; vgl. Abbildung 3-1): Im extrinsischen Modus wird ein Ziel wegen äußerer Anreize oder Zwecke verfolgt, beispielsweise, wenn der Arzt oder die Ärztin einer Person aus gesundheitlichen Gründen empfiehlt, sich mehr zu bewegen. Beim introjizierten Modus werden Ziele aufgrund verinnerlichter Werte verfolgt, die aber nicht die eigenen sind. Die Erfüllung bzw. Nichterfüllung dieser Werte ist mit negativen Emotionen, z. B. Schuldgefühlen und Ängsten, verknüpft. Beim identifizierten Modus ist die Zielverfolgung ein Resultat bewusster Bewertungsprozesse, bei denen die Person zum Ergebnis kommt, dass das Ziel mit ihren Werten übereinstimmt. Beim intrinsischen Modus verfolgt eine Person ein Ziel um seiner selbst willen. Intrinsische Motive und Ziele sind eher tätigkeitszentriert, d.h., sie richten sich auf positive Erlebenszustände, die während der Ausführung der Sportaktivität eintreten (z. B. Bewegungsfreude, ästhetisches Bewegungserleben). Die vier Modi lassen sich auf einem Kontinuum von nicht selbstkonkordant zu selbstkonkordant anordnen (vgl. Abbildung 3-1). Im extrinsischen Modus ist die Selbstkonkordanz am tiefsten, im intrinsischen Modus am höchsten.

Wie die Ziel-Selbstkonkordanz das Verhalten beeinflusst, ist in Abbildung 3-2 ersichtlich. Selbstkonkordante Ziele werden mit anhaltenderer Anstrengung verfolgt als nicht selbstkonkordante. Dies führt dazu, dass die Zielerreichung wahrscheinlicher wird. Werden selbstkonkordante Ziele erreicht, führt dies zu positiveren Erfahrungen als bei nicht selbst-

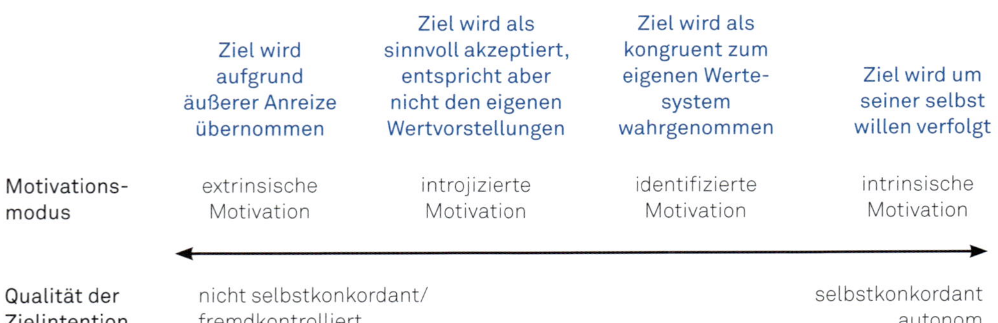

Abbildung 3-1: Das Selbstkonkordanz-Kontinuum (in Anlehnung an Ryan & Deci, 2002, S. 16)

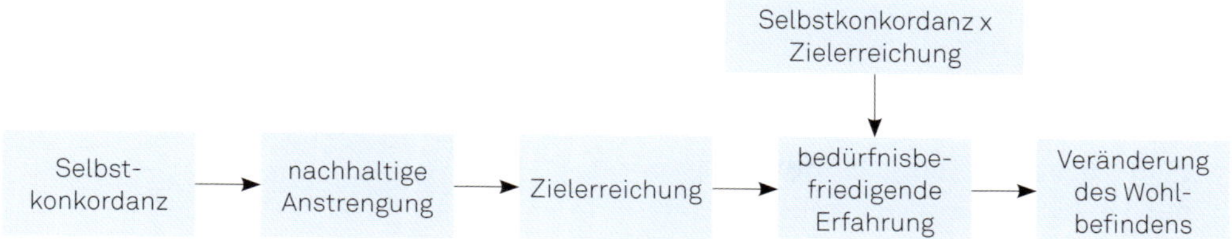

Abbildung 3-2: Das Selbstkonkordanz-Modell (adaptiert nach Sheldon & Elliot, 1999, S. 483)

konkordanten Zielen, da eigene Bedürfnisse befriedigt werden. Dadurch profitiert auch das Wohlbefinden bei selbstkonkordanten Zielen mehr. Dieses erhöhte Wohlbefinden wiederum unterstützt die Aufrechterhaltung einer sportlichen Aktivität (Gunnell et al., 2014; Schmid, Gut, Schorno, Yanagida & Conzelmann, 2021).

3.2 Sportbezogene Motive und Ziele vom Jugend- bis ins höhere Erwachsenenalter

Zwar wird angenommen, dass Motive und Ziele mittelfristig stabil sind; was uns antreibt, sportlich aktiv zu sein, kann sich im Laufe unseres Lebens aber dennoch ändern. Nachfolgend erläutern wir, warum es zu einem Wandel kommen kann (Kapitel 3.2.1) und wie er konkret aussieht (Kapitel 3.2.2 und Kapitel 3.2.3).

3.2.1 Entwicklungsperspektive

Dass sich Ziele über die Lebensspanne verändern, wird in der Literatur häufig mit folgenden zwei Punkten begründet: *Erstens* wandeln sich Individuen aufgrund von Reifungs- und Alterungsprozessen von der Geburt bis ins hohe Alter in psychologischer (z.B. Identitätsfindung im Jugendalter), körperlich-motorischer (z.B. Abnahme der Kraft im höheren Erwachsenenalter) und sozialer Hinsicht (z.B. Aufbau einer positiven, tragfähigen Beziehung zum eigenen Kind im mittleren Erwachsenenalter; Brunstein, Maier & Dargel, 2007; Havighurst, 1972). Durch diese Entwicklungen ändern sich auch die Themen, Anforderungen, vorhandenen Ressourcen und sozialen Rollen des Individuums (Backes & Clemens, 2008; Brunstein et al., 2007). *Zweitens* wandeln sich die Ziele aufgrund verschiedener Lebensereignisse (Filipp & Aymanns, 2018). Individuen erleben zum einen normative Lebensereignisse, die mit großer Wahrscheinlichkeit in einer bestimmten Altersphase auftreten (z.B. Übergang vom Berufsalltag in die Rente). Zum anderen können sie mit nicht normativen Lebensereignissen konfrontiert werden, die unerwartet geschehen (z.B. eine schwerwiegende Erkrankung).

Wenn wir davon sprechen, dass sich die sportbezogenen Motive und Ziele verändern, dann beziehen wir uns dabei nicht nur auf die Zielinhalte, die mehr oder weniger wichtig sein können, sondern auch auf die Zielorientierung:

- *Zielinhalte:* die Gründe, warum jemand sportlich aktiv ist oder zukünftig sein möchte (z.B. Gewichtsreduktion, Stressabbau);
- *Zielorientierung:* die Ausrichtung eines Ziels auf den Gewinn und das Wachstum (z.B. durch Sport seine Gesundheit verbessern wollen; sogenannte Annäherungsziele), den Erhalt des aktuellen Funktions- oder Fertigkeitsniveaus (z.B. durch Sport gesund bleiben wollen; sogenannte Aufrechterhaltungsziele) oder das Vermeiden von Verlusten (z.B. durch Sport Erkrankungen vermeiden wollen; sogenannte Vermeidungsziele; Ebner, Freund & Baltes, 2006).

Was zeichnet nun einzelne Altersabschnitte aus? Nachfolgend nehmen wir die Besonderheiten des Jugend- bis höheren Erwachsenenalters genauer unter die Lupe:

- *Jugend- und frühes Erwachsenenalter zwischen 14 und 34 Jahren:*
  Individuen in diesem Alter sind häufig damit beschäftigt, vertrauensvolle Beziehungen mit Gleichaltrigen aufzubauen und zu festigen, eine eigene Identität zu entwickeln, Unabhängigkeit zu erlangen und beruflich Fuß zu fassen (Freund & Nikitin, 2018; Weichold & Silbereisen, 2018). In der Regel ermöglichen die biologischen Voraussetzungen und die vorhandenen Ressourcen, dass Menschen im Jugend- und frühen Erwachsenenalter ihr Funktions- und Fertigkeitsniveau steigern können. Dementsprechend verfolgen die Individuen in dieser Altersgruppe überwiegend Annäherungsziele (Ebner et al., 2006).
- *Mittleres Erwachsenenalter zwischen 35 und 64 Jahren:*
  In diesem Alter richtet sich die Aufmerksamkeit der Individuen häufig auf die eigene Familie. Das Aufziehen der Kinder muss mit der beruflichen Karriere vereinbart werden, wobei mit zunehmendem Alter diese Doppelbelastung geringer wird (Freund & Nikitin, 2018). Aufgrund der oftmals eingeschränkten zeitlichen Möglichkeiten verfolgen die Personen im mittleren Erwachsenenalter neben Annäherungs- vermehrt auch Aufrechterhaltungs- und Vermeidungsziele (Ebner et al., 2006).
- *Höheres Erwachsenenalter ab 65 Jahren:*
  Für Individuen in diesem Alter rückt zunehmend das Thema der Erhaltung der Gesundheit und der kognitiven Leistungsfähigkeit ins Zentrum (Lindenberger & Schäfer, 2008). Ältere Menschen verfügen in der Regel über weniger kognitive und körperlich-motorische Ressourcen und haben eine geringere noch vorhandene Lebenszeit. Für sie ist es schwieriger, neue Entwicklungsgewinne zu erzielen, weshalb Annäherungsziele im Vergleich zum jungen und mittleren Erwachsenenalter deutlich zurückgehen. Die Aufrechterhaltungs- und Vermeidungsziele bleiben im Vordergrund (Ebner et al., 2006).

3.2.2 Sportbezogene Motive und Ziele im mittleren Erwachsenenalter

Die zuvor beschriebenen Besonderheiten der einzelnen Altersabschnitte machen deutlich, dass Motive und Ziele altersspezifisch betrachtet werden müssen. Es könnte nicht nur sein, dass die Motive und Ziele je nach Alter unterschiedlich wichtig sind, sondern auch, dass einzelne Themen nur in einem gewissen Altersabschnitt auftauchen.

Tabelle 3-1 gibt eine Übersicht über die Motive und Ziele vom Jugend- bis ins höhere Erwachsenenalter (Gut et al., 2019; Lehnert et al., 2011; Schmid, Molinari, Lehnert, Sudeck & Conzelmann, 2014). Schauen wir uns zunächst die Beweggründe von Personen im mittleren Erwachsenenalter genauer an. Wir starten damit, weil mit dieser Personengruppe die umfassendsten Studien durchgeführt wurden. Ausgehend von ihren Motiven und Zielen werden wir dann den Blick einerseits auf das Jugend- und frühe Erwachsenenalter und andererseits auf das höhere Erwachsenenalter richten. Fragt man Menschen zwischen 35 und 64 Jahren, warum sie Sport treiben bzw. warum sie Sport treiben würden, ergeben sich folgende Motive und Ziele:

- *Kontakt im/durch Sport:*
  Einige Personen treiben aus sozialen Gründen Sport. Entweder möchten sie mit ihren Bekannten sportlich aktiv sein und dadurch Freundschaften pflegen oder sie wollen durch den Sport neue Personen kennenlernen.
- *Wettkampf/Leistung:*
  Ein weiteres mögliches Motiv und Ziel ist, dass manche Personen sich im Sport gerne mit anderen messen und im Wettkampf aufblühen. Zudem kann das Steigern der eigenen Leistung ein Beweggrund zum Sporttreiben sein.
- *Figur/Aussehen:*
  Einige Menschen möchten durch den Sport ihr Körpergewicht reduzieren oder grundsätzlich ihr Aussehen verbessern.

Tabelle 3-1: Übersicht zu den sportbezogenen Motiven und Zielen vom Jugend- bis ins höhere Erwachsenenalter basierend auf dem Berner Motiv- und Zielinventar (Gut et al., 2019; Lehnert et al., 2011; Schmid et al., 2018; Schmid et al., 2014)

Jugend- und frühes Erwachsenenalter (14–34 Jahre)	Mittleres Erwachsenenalter (35–64 Jahre)	Höheres Erwachsenenalter (65+ Jahre)
Kontakt im/durch Sport	Kontakt im/durch Sport	Kontakt im/durch Sport
Wettkampf/Leistung	Wettkampf/Leistung	Wettkampf/Leistung
Ablenkung/Stressabbau	Ablenkung/Stressabbau	Stimmungsregulation
	Aktivierung/Bewegungsfreude*	
Figur/Aussehen	Figur/Aussehen	Figur/Aussehen
Fitness	Fitness/Gesundheit**	Alltagskompetenz/Gesundheit
Gesundheit		
Ästhetik	Ästhetik	Positive Bewegungserfahrungen (Ästhetik)
Risiko/Herausforderung		Kognitive Funktionsfähigkeit

Anmerkung: * Die Dimension „Aktivierung/Bewegungsfreude" wird in neueren BMZI-Versionen nicht mehr explizit differenziert. ** Die Dimension „Fitness/Gesundheit" wird in neueren Versionen in die zwei eigenständigen Dimensionen „Fitness" und „Gesundheit" aufgeteilt.

- *Ablenkung/Stressabbau:*
  Negative Emotionen wie Stress, Ärger und Gereiztheit abzubauen sowie sich von Problemen abzulenken, stellt für manche Menschen ein weiteres Motiv und Ziel zum Sporttreiben dar.
- *Aktivierung/Bewegungsfreude:*
  Einige Personen treiben Sport, weil sie sich dadurch aktiv erholen möchten und positive Emotionen erleben können.
- *Fitness/Gesundheit:*
  Menschen treiben Sport, weil sie ihre Fitness steigern und ihre körperliche Gesundheit verbessern möchten.
- *Ästhetik:*
  Schließlich treiben einige Personen Sport, weil sie schöne, harmonische Bewegungen erleben möchten. Bei diesem Motiv und Ziel geht es nicht darum, dass andere Personen die Bewegung ästhetisch einschätzen, sondern motivierend ist hier das eigene Bewegungsempfinden.

3.2.3 Sportbezogene Motive und Ziele im Jugend- und früheren Erwachsenenalter sowie im höheren Erwachsenenalter

Im Vergleich zu Personen im mittleren Erwachsenenalter kommt bei Jugendlichen und jungen Erwachsenen ein weiterer Beweggrund hinzu: Menschen in diesem Alter suchen öfter nach riskanten Situationen und neigen dazu, neue, unbekannte Dinge auszuprobieren und ihre Grenzen auszuloten (Michaud et al., 2006; Rodham et al., 2006; Pharo et al., 2011).

- *Risiko/Herausforderung* als spezifisches Motiv und Ziel für das Jugend- und frühe Erwachsenenalter: Das Erleben von riskanten und herausfordernden Situationen kann ein Motiv zum Sporttreiben sein. Sportaktivitäten bieten die Möglichkeit, neue Situationen auszuprobieren und den eigenen Mut zu testen.

Bei Personen im höheren Erwachsenenalter erfährt das vorangehend beschriebene Motiv und Ziel Fitness/Gesundheit des mittleren Erwachsenenalters ebenfalls eine leichte inhaltliche Anpassung. Weil sich mit zunehmendem Alter die körperliche Leistungsfähigkeit (z.B. Kraft, Gleichgewichtsfähigkeit; Granacher, Mechling & Voelcker-Rehage, 2018) typischerweise reduziert, sind ältere Menschen in ihren Alltagsaktivitäten und der sozialen Teilhabe häufig eingeschränkt und das Sturzrisiko ist erhöht. Sportaktivitäten können helfen, diesen körperlichen Einschränkungen entgegenzuwirken, und die Selbstständigkeit im Alltag fördern.

- *Alltagskompetenz*/Gesundheit als spezifisches Motiv und Ziel für das höhere Erwachsenenalter: Für Personen im höheren Erwachsenenalter stellen die Mobilität und Aufrechterhaltung der Selbstständigkeit im Alltag ein weiteres Motiv und Ziel dar, sportlich aktiv zu sein.

Im Vergleich zum Motiv Fitness/Gesundheit fokussiert Alltagskompetenz/Gesundheit stärker den Erhalt körperlicher Funktionsfähigkeit (Ebner et al., 2006), um das alltägliche Leben im höheren Erwachsenenalter bewältigen zu können.

Im höheren Erwachsenenalter kommt ein weiterer Beweggrund hinzu, der damit zu tun hat, dass in diesem Alter nicht nur die körperliche Fähigkeit abnimmt, sondern auch das Denkvermögen (z.B. Informationsverarbeitungsgeschwindigkeit, Arbeitsgedächtnis). Regelmäßige Sportaktivitäten fördern die kognitive Leistungsfähigkeit (Falck, Davis, Best, Crockett & Liu-Ambrose, 2019; Northey, Cherbuin, Pumpa, Smee & Rattray, 2018). Zudem schwächen sie die negativen Effekte neurokognitiver Erkrankungen wie Demenz auf die kognitive Leistungsfähigkeit ab (Balbim et al., 2022).

- *Kognitive Funktionsfähigkeit* als spezifisches Motiv und Ziel für das höhere Erwachsenenalter: Ein möglicher Grund, im höheren Erwachsenenalter Sport zu treiben, ist, das Denkvermögen aufrechtzuerhalten und geistig fit zu bleiben.

3.2.4 Diagnostik sportbezogener Motive und Ziele über die Lebensspanne

Wie werden nun die Motive und Ziele im Sport erhoben? Die in Tabelle 3-1 dargestellten Dimensionen basieren auf dem Berner Motiv und Zielinventar (BMZI), das für die drei unterschiedlichen Altersgruppen entwickelt wurde.

Die Einstiegsfrage des Fragebogens lautet: „Warum treiben Sie Sport?“ bzw. „Warum würden Sie Sport treiben?“. Danach müssen alle aufgelisteten Aussagen bewertet werden (vgl. Tabelle 3-2). Die Teilnehmenden geben ihre Antwort auf einer fünfstufigen Likert-Skala von 1 „trifft überhaupt nicht zu“ bis 5 „trifft völlig zu“ an. Von den Testleitenden gibt es keine zusätzlichen Instruktionen. Die Bearbeitungszeit beträgt im Durchschnitt fünf bis acht Minuten. Je nach Altersklasse sind die Aussagen etwas unterschiedlich. Die entwickelten Fragebögen für das (1) Jugend- und frühe Erwachsenenalter (vgl. Anhang 1), (2) das mittlere Erwachsenenalter (vgl. Anhang 2) und (3) das höhere Erwachsenenalter (vgl. Anhang 3) sind online und als Papierversion verfügbar (vgl. https://bmzi.ispw.unibe.ch).

Die Güte der unterschiedlichen BMZI-Versionen wurde umfassend überprüft. So konnte z.B. nachgewiesen werden, dass die Fragebögen das Konstrukt genau messen (Validität; Gut et al., 2019; Lehnert et al., 2011; Schmid et al., 2014). Weiter zeigte sich, dass bei zweimaliger Messung innerhalb von mehreren Wochen oder Monaten die Motive und Ziele von Personen ähnlich bleiben (Retest-Reliabilität; Gut et al., 2018, 2019), was die theoretisch angenommene mittelfristige Stabilität des Konstrukts bestätigt (vgl. Kapitel 3.1).

Um das BMZI auszuwerten, wird für jeden Motivbereich der Mittelwert aus den dazu gehörenden Items gebildet:

Beispiel Mittelwertberechnung für das Motiv und Ziel „Kontakt" mit den fünf Items:
Mittelwert Kontakt = (kon1 + kon2 + kon3 + kon4 + kon5) / 5

Die Mittelwerte jedes Motivbereichs werden in Form eines Liniendiagramms als Profil dargestellt (vgl. Abbildung 4-4 in Kapitel 4.3). Mit der Darstellung dieses Motivprofils kann die Bedeutsamkeit einzelner Motive und Ziele auf einen Blick erkannt werden.

Folgende Punkte sind bei der praktischen Durchführung der Befragung zu beachten:

- Für alle Altersgruppen:
  - Das Motiv und Ziel Ästhetik kann als Begriff schwer verständlich sein. Daher kann eine nähere Beschreibung von Ästhetik helfen, das Motiv und Ziel besser zu verstehen. Beispiele dafür wären das Bewegungsgefühl bei einem gelungenen Tennisaufschlag oder einem Salto sowie bei regelmäßigen Bewegungsabläufen, wie beim Joggen oder Skifahren.
  - Zudem wird Ästhetik häufig nur mit Tanz als Sportaktivität assoziiert. Daher können weitere Beispiele aus anderen Sportaktivitäten helfen, dieses Motiv und Ziel vollumfänglicher zu verstehen.
- Spezifisch bei Menschen im höheren Erwachsenenalter ist zu beachten, dass:
  - die Schriftgröße genügend groß ist,
  - idealerweise beim Ausfüllen eine weitere Person für Rückfragen anwesend ist,
  - etwas mehr Zeit, ca. 10–15 Min., für das Ausfüllen des Fragebogens eingeplant wird,
  - bei der Skala sämtliche Antwortoptionen, eine Beschriftung haben: „nicht", „wenig", „mittelmäßig", „ziemlich" und „sehr".

3.2.5 Empirische Befunde zur Veränderung der sportbezogenen Motive und Ziele über die Lebensspanne

Im BMZI sind vier Motive und Ziele im Sport über alle Altersklassen hinweg identisch und lassen darum einen direkten Altersvergleich zu: Kontakt im/durch Sport, Wettkampf/Leistung, Figur/Aussehen und Ästhetik. Die in Abbildung 3-3 (S. 30) ersichtlichen Befunde basieren auf der Befragung von insgesamt 13140 Personen (Jugend- und junges Erwachsenenalter: n = 936, M_{Alter} = 19,8 Jahre, 58 % Frauen; mittleres Erwachsenenalter: n = 11786, M_{Alter} = 47,6, 66 % Frauen; höheres Erwachsenenalter: n = 415, M_{Alter} = 72,59, 61 % Frauen). Es zeigt sich, dass die vier Motive und Ziele abhängig von der Altersgruppe unterschiedlich wichtig sind. Während Jugendliche und ältere Erwachsene den Kontakt im und durch Sport im Durchschnitt als mittelmäßig wichtig einschätzen, beurteilen Personen im mittleren Erwachsenenalter dieses Motiv und Ziel als etwas weniger bedeutsam. Die Wichtigkeit, sich mit anderen zu messen und seine individuelle Leistung zu verbessern, nimmt über die Lebensspanne konstant ab und ist für Personen im höheren Erwachsenenalter nicht mehr zentral. Durch Sport seine Figur und sein Aussehen zu verbessern, ist sowohl für Jugendliche als auch für Personen im frühen und mittleren Erwachsenenalter wichtig bis sehr wichtig. Hingegen verliert dieses Motiv im höheren Erwachsenenalter an Bedeutung. Die Wichtigkeit von ästhetischen Bewegungserfahrungen nimmt mit zunehmendem Lebensalter konstant zu.

3.2.6 Empirische Befunde zum Zusammenhang der sportbezogenen Motive und Ziele mit der Selbstkonkordanz

In Kapitel 3.1 haben wir bereits thematisiert, dass die sportbezogenen Motive und Ziele eine unterschiedlich starke Ich-Nähe aufweisen. In

Tabelle 3-2: Übersicht über die Items der einzelnen Motive und Ziele des BMZI (Gut et al., 2019; Lehnert et al., 2011; Schmid et al., 2014)

Motiv-dimen-sionen	Jugendalter und frühes Erwachsenenalter	Motiv-dimen-sionen	Mittleres Erwachsenenalter	Motiv-dimen-sionen	Höheres Erwachsenenalter
Kontakt	Um dabei Freunde/Bekannte zu treffen.	Kontakt	Um dabei Freunde/Bekannte zu treffen.	Kontakt	Um dabei Freunde/Bekannte zu treffen.
	Um etwas in einer Gruppe zu unternehmen.		Um etwas in einer Gruppe zu unternehmen.		Um etwas in einer Gruppe zu unternehmen.
	Um mit anderen gesellig zusammen zu sein.		Um mit anderen gesellig zusammen zu sein.		Um mit anderen gesellig zusammen zu sein.
	Um durch den Sport neue Freunde zu gewinnen.		Um durch den Sport neue Freunde zu gewinnen.		Um durch den Sport neue Freunde zu gewinnen.
	Um dadurch Menschen kennenzulernen.		Um dadurch Menschen kennenzulernen.		Um dadurch Menschen kennenzulernen.
Figur/ Aussehen	Um mein Gewicht zu regulieren.	Figur/ Aussehen	Um mein Gewicht zu regulieren.	Figur/ Aussehen	Um mein Gewicht zu regulieren.
	Um abzunehmen.		Um abzunehmen.		Um abzunehmen.
	Wegen meiner Figur.		Wegen meiner Figur.		Wegen meiner Figur.
Wett-kampf/ Leistung	Weil ich im Wettkampf aufblühe.	Wett-kampf/ Leistung	Weil ich im Wettkampf aufblühe.	Wett-kampf/ Leistung	Weil ich im Wettkampf aufblühe.
	Um mich mit anderen zu messen.		Um mich mit anderen zu messen.		Um mich mit anderen zu messen.
	Um sportliche Ziele zu erreichen.		Um sportliche Ziele zu erreichen.		Um sportliche Ziele zu erreichen.
			Wegen des Nervenkitzels.		
Ablenkung/ Stress-abbau	Um Stress abzubauen.	Ablenkung/ Stress-abbau	Um Stress abzubauen.	Stimmungs-regulation	Um Stress abzubauen.
	Um Ärger und Gereiztheit abzubauen.		Um Ärger und Gereiztheit abzubauen.		Um mich weniger niedergeschlagen zu fühlen.
	Um meine Gedanken im Kopf zu ordnen.		Um meine Gedanken im Kopf zu ordnen.		Um etwas gegen meine Energielosigkeit zu tun.
	Weil ich mich so von anderen Problemen ablenke.		Weil ich mich so von anderen Problemen ablenke.		Um mich weniger angespannt zu fühlen.
		Aktivierung/ Bewe-gungsfreu-de	Um mich zu entspannen.		
			Vor allem aus Freude an der Bewegung.		
			Um neue Energie zu tanken.		

Tabelle 3-2: *Fortsetzung*

Motivdimensionen	Jugendalter und frühes Erwachsenenalter	Motivdimensionen	Mittleres Erwachsenenalter	Motivdimensionen	Höheres Erwachsenenalter
Gesundheit	Vor allem, um meinen Gesundheitszustand zu verbessern.	Gesundheit	Vor allem, um meinen Gesundheitszustand zu verbessern.	Alltagskompetenz/ Gesundheit	Um meine Selbstständigkeit im Alltag zu erhalten.
	Vor allem aus gesundheitlichen Gründen.		Vor allem aus gesundheitlichen Gründen.		Um mich im Alltag sicher fortbewegen zu können.
	Um körperlichen Beschwerden entgegenzuwirken.		Um körperlichen Beschwerden entgegenzuwirken.		Um körperlichen Beschwerden entgegenzuwirken.
Fitness	Vor allem, um etwas für meine körperliche Fitness zu tun.	Fitness	Vor allem, um etwas für meine körperliche Fitness zu tun.		Um im Alltag körperlich mobil zu bleiben.
	Um mich in körperlich guter Verfassung zu halten.		Um mich in körperlich guter Verfassung zu halten.		Um mich in körperlich guter Verfassung zu halten.
	Vor allem, um fit zu sein.		Vor allem, um fit zu sein.		
Ästhetik	Weil Sport mir die Möglichkeit für schöne Bewegungen bietet.	Ästhetik	Weil Sport mir die Möglichkeit für schöne Bewegungen bietet.	Positive Bewegungserfahrungen (Ästhetik)	Weil Sport mir die Möglichkeit für schöne Bewegungen bietet.
	Um schöne Bewegungen zu erleben.		Weil es mir Freude bereitet, die Schönheit der menschlichen Bewegung im Sport zu erleben.		Weil es mir Freude bereitet, die Schönheit der menschlichen Bewegung im Sport zu erleben.
Risiko/ Herausforderung	Um etwas zu wagen.				Vor allem aus Freude an der Bewegung.
	Weil riskante Situationen für mich reizvoll sind.				Um angenehme körperliche Erfahrungen zu machen.
	Um meinen Mut zu testen.			Kognitive Funktionsfähigkeit	Um meine Denkfähigkeit zu erhalten.
					Um geistig fit zu bleiben.
					Um mein Gedächtnis zu trainieren.

Anlehnung an die Überlegungen von Sheldon und Elliot (1999) sollten zweckzentrierte Motive und Ziele eher mit dem extrinsischen und introjizierten Motivationsmodus zusammenhängen. Demgegenüber sind von tätigkeitszentrierten Motiven und Zielen eher Zusammenhänge mit dem intrinsischen Motivationsmodus zu erwarten. Ob sich diese theoretisch angenommenen Verbindungen auch in der Empirie zeigen, wurde anhand der Daten von 2358 Personen überprüft. Die in Abbildung 3-4 ersichtlichen Balken stehen für die Stärke der Zusammenhänge zwischen einzelnen Motiven und einzelnen Motivationsmodi. Der Korrelationskoeffizient, der in der y-Achse abgetragen ist, kann Werte zwischen −1 und 1 annehmen. Werte kleiner als null stehen für einen negativen Zusammenhang, Werte größer als null für einen positiven. Es zeigt sich theoriekonform, dass Personen, denen die tätigkeitszentrierten

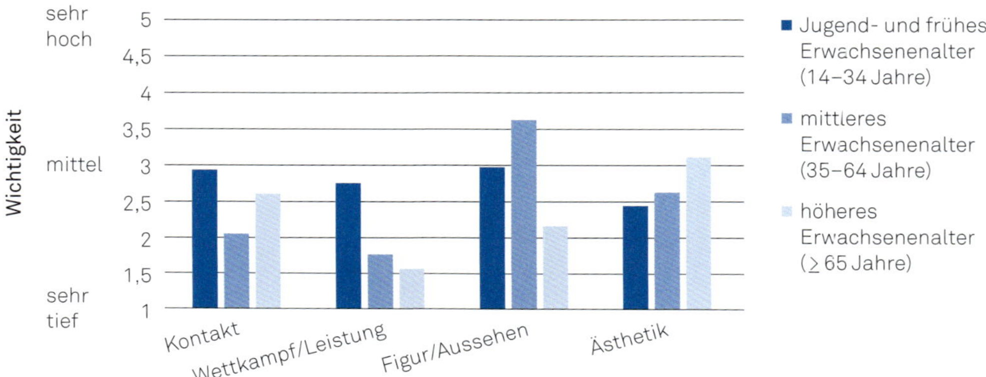

Abbildung 3-3: Altersunterschiede in vier ausgewählten Motiven und Zielen

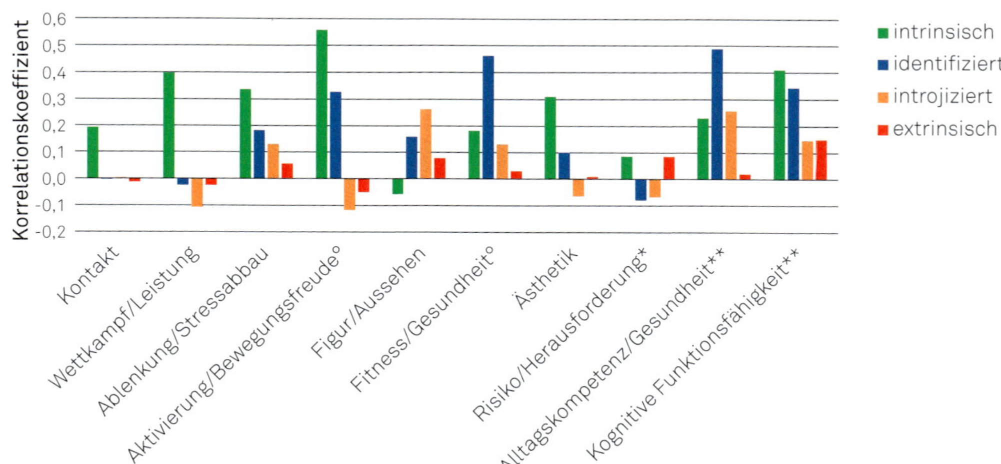

Abbildung 3-4: Zusammenhang zwischen sportbezogenen Motiven und Zielen und den Motivationsmodi der Selbstkonkordanz

Anmerkung: °Motivdimensionen des ursprünglichen Berner Motiv- und Zielinventars, die in der neueren Version nicht mehr explizit ausdifferenziert werden; *Motivdimension und Werte spezifisch für das Jugend- und frühe Erwachsenenalter; **Motivdimension und Werte spezifisch für das höhere Erwachsenenalter.

Motive Aktivierung/Bewegungsfreude, Ästhetik oder Wettkampf/Leistung wichtig sind, eine hohe intrinsische Motivation haben. Hingegen besitzen Personen, die aus einem zweckzentrierten Grund, wie Figur/Aussehen, Sport treiben, eine höhere introjizierte und extrinsische Motivation. Ein Ergebnismuster, das sich hier, aber auch in anderen Studien immer wieder zeigt, ist, dass gesundheitsorientierte Motive und Ziele wie Fitness/Gesundheit oder Fitness/Alltagskompetenz hoch mit dem identifizierten Motivationsmodus assoziiert sind. Die positiven Effekte des Sporttreibens auf die körperliche Verfassung werden als persönlich wichtig eingestuft und im eigenen Wertesystem verankert.

4 Das Konzept der motivbasierten Sporttypen

Vorangehende Ausführungen zeigten, dass eine optimale Passung zwischen Person und Sportaktivität durch die drei Schritte der Diagnostik, Segmentierung und Maßschneiderung erreicht werden kann (vgl. Kapitel 2.2). Bei der Diagnostik scheint es insbesondere lohnend, die sportbezogenen Motive und Ziele einer Person zu ermitteln (vgl. Kapitel 3.1). Dafür steht mit dem BMZI ein wissenschaftlich fundiertes Instrument zur Verfügung. Mithilfe des BMZI können individuelle Motiv- und Zielprofile ermittelt werden, welche die vielfältigen Beweggründe zum Sporttreiben einer Person veranschaulichen (vgl. Kapitel 3.2). Für den nächsten Schritt, die Segmentierung, präsentieren wir in diesem Kapitel nun das Konzept der *motivbasierten Sporttypen*.

4.1 Grundidee der motivbasierten Sporttypen

Die Idee der motivbasierten Sporttypen ist, Menschen in Gruppen mit ähnlichen Motiv- und Zielprofilen einzuteilen. Eine solche Typisierung ermöglicht es, die große Heterogenität der Beweggründe zum Sporttreiben „in den Griff zu bekommen". Die motivbasierten Sporttypen sind hinsichtlich Segmentierungsgrad in der Mitte anzusiedeln (vgl. Abbildung 2-3, Kapitel 2.2). Eine atomistische Segmentierung, also ein sehr hoher Segmentierungsgrad, ist für die Praxis der Bewegungs- und Sportförderung häufig unpraktikabel, weil keine Ressourcen vorhanden sind, um Maßnahmen auf jede einzelne Person zuzuschneiden.

Das Wissen über mittlere Ausprägungen von Motiven und Zielen einer bestimmten Personengruppe ist für die Maßschneiderung von Sportangeboten nur begrenzt hilfreich. Solche Gruppenmittelwerte, wie sie in Abbildung 4-1 beispielhaft dargestellt sind, geben lediglich eine erste Orientierung. So wurde in Kapitel 3.2.3 etwa deutlich, dass abhängig vom Alter im Durchschnitt unterschiedliche Motive und Ziele im Vordergrund stehen (z.B. ist Wettkampf/Leistung Jugendlichen und jungen Erwachsenen wichtiger als älteren Menschen). Mit Gruppenmittelwerten wird jedoch übersehen, dass es erhebliche Unterschiede zwischen den Personen, z.B. innerhalb einer Altersgruppe, gibt.

Dieser Grundgedanke der interindividuellen Unterschiede bei den Motiven und Zielen soll anhand von Abbildung 4-2 vertieft werden. Dargestellt sind die Ergebnisse von 25 686 Personen im jungen und mittleren Erwachsenenalter, welche überwiegend im präventiven Setting befragt wurden (M_{Alter} = 35,4 Jahre, SD_{Alter} = 13 Jahre, 68 % weiblich, 30 % sportlich inaktiv). Es wird schnell ersichtlich, dass Gesundheit und Fitness fast allen Befragten wichtig oder sehr wichtig sind (knapp 90 %). Demgegenüber misst die Mehrheit der Erwachsenen Wettkampf und Leistung wenig oder sehr wenig Bedeutung zu (ca. 65 %). Sportangebote, welche Gesundheits- und Fitnessaspekte betonen und gleichzeitig auf Wettkampf- und Leistungsan-

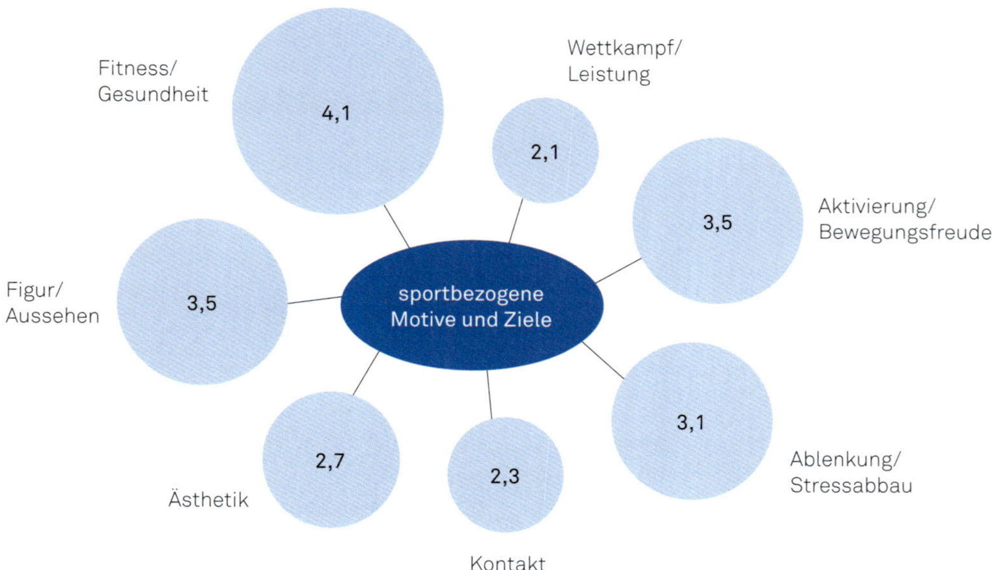

Abbildung 4-1: Durchschnittliche Wichtigkeit der sportbezogenen Motive und Ziele von Menschen im jungen und mittleren Erwachsenenalter (N = 25686 Personen)

reize verzichten, könnten mit diesen Befunden zunächst gut begründet werden. Ignoriert wird mit diesem Vorgehen aber gleichwohl, dass für Menschen innerhalb bestimmter Personengruppen (welche häufig über soziodemografische Merkmale definiert werden) durchaus unterschiedliche Motive und Ziele bedeutsam sein können. In Abbildung 4-2 ist etwa zu erkennen, dass immerhin gut 15% der Personen Wettkampf und Leistung beim Sporttreiben nicht abgeneigt sind. Noch deutlicher wird die Heterogenität zwischen den Personen bei denjenigen Motiven und Zielen, deren Gruppendurchschnitt im mittleren Bereich liegt. Dies trifft in Abbildung 4-2 auf Figur/Aussehen oder auch auf das Motiv und Ziel Ablenkung/Stressabbau zu. Was diese Heterogenität für die Forschung genau bedeutet, wird in Exkurs „Der person-orientierte Ansatz“ dargelegt.

Exkurs: Der person-orientierte Ansatz

Ein Forschungsansatz, der die Unterschiede zwischen Personen theoretisch und methodisch angemessen berücksichtigt, ist der person-orientierte Ansatz (Bergman & Lundh, 2015). Dieser geht davon aus, dass Zusammenhänge zwischen Merkmalen von Individuum zu Individuum unterschiedlich sein können. Es ist folglich unangemessen, einzelne Variablen (z.B. das Motiv Figur/Aussehen) über die Gesamtgruppe hinweg zu aggregieren und zu analysieren (z.B. Berechnung des Gruppenmittelwerts des Motivs Figur/Aussehen). Vielmehr wird beim person-orientierten Ansatz ein Merkmalsbündel einer Person in den Blick genommen (z.B. alle sportbezogenen Motive) und nach typischen Merkmalskonstellationen gesucht. Dies sind in unserem Fall die motivbasierten Sporttypen. Je nach Fragestellung der Forschung oder Praxis kann das zu untersuchende Merkmalsbündel aber anders aussehen und z.B. körperlich-motorische oder gesundheitliche Merkmale beinhalten.

Für die Segmentierung der Personen in einzelne Gruppen sind nun jene Motive und Ziele besonders interessant, die über die Personen hinweg als sehr unterschiedlich wichtig beurteilt wer-

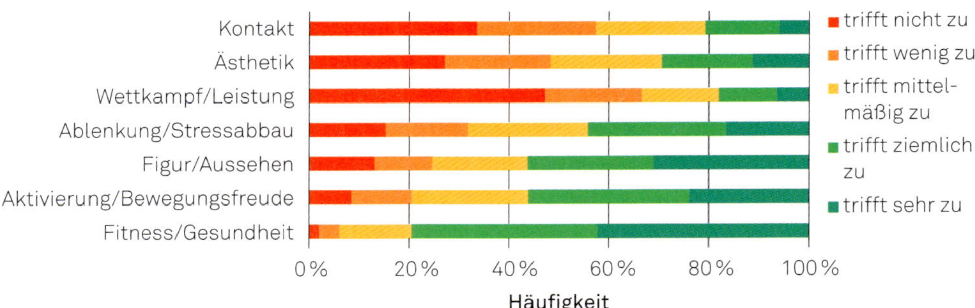

Abbildung 4-2: Bewertung der sportbezogenen Motive und Ziele von Menschen im jungen und mittleren Erwachsenenalter (N = 25 686 Personen)

den, d.h., deren Heterogenität groß ist. Denn gerade hier können maßgeschneiderte Maßnahmen „punkten" und unspezifische Maßnahmen fehlschlagen.

Ein weiterer Grundgedanke der motivbasierten Sporttypen ist, dass die einzelnen Motive und Ziele nicht separat betrachtet werden. Vielmehr soll das gesamte Motiv- und Zielprofil einer Person angeschaut werden (vgl. Kapitel 4.2.1). Denn weiß man, welche typischen Konstellationen existieren, kann die sportliche Aktivität optimal darauf abgestimmt werden (vgl. Kapitel 5).

4.2 Bestimmung motivbasierter Sporttypen

4.2.1 Bestimmung des Motiv- und Zielprofils

Um das Motiv- und Zielprofil einer Person zu bestimmen, werden die einzelnen Aussagen des BMZI, wie in Kapitel 3.2.4 erläutert, gemittelt. Zudem werden die Motivmittelwerte intraindividuell standardisiert. Die intraindividuelle Standardisierung hat zwei Funktionen: *Erstens* werden dadurch die Unterschiede in der Wichtigkeit von Motiven und Zielen *innerhalb* einer Person sichtbarer. Es wird auf einen Blick klar, wie die einzelnen Motive und Ziele zueinanderstehen, welche Motive und Ziele also für eine Person bedeutsam sind und welche weniger wichtig sind. *Zweitens* können mit diesem Vorgehen generelle Unterschiede im Motivationsniveau sowie auffälliges Antwortverhalten ausgeglichen werden (z.B. generelle Tendenz zu Antworten in der Mitte der Skala).

Diese beiden Punkte werden in Abbildung 4-3 genauer erläutert. Dargestellt sind die hypothetischen Motiv- und Zielprofile dreier Personen über sechs Motive. Welche der Personen sind nun einem Typen zuzuordnen? Person A bewertet drei Motive sehr hoch und stuft die anderen drei Motive als mittelmäßig bedeutsam ein. Person C ist gleichermaßen hoch motiviert, insofern drei Motive sehr hoch bewertet werden und drei andere Motive mittelmäßig. Ein wesentlicher Unterschied zwischen Person A und C ist aber, dass die Motive genau umgekehrt bewertet werden: Die drei Motive, die Person A als weniger bedeutsam erachtet, entsprechen jenen, die Person C sehr wichtig sind. Person B ist gegenüber den anderen beiden Personen offenbar insgesamt weniger motiviert. Ihre Motivbewertungen sind alle im unteren bis mittleren Bereich, d.h., ihr Niveau ist generell tiefer. Person B ist aber Person A insofern ähnlich, als sie die gleichen Motive als wichtig erachtet, die auch Person A am höchsten bewertet.

Wie werden nun die einzelnen Personen gruppiert? Ein statistisches Verfahren, das zur Segmentierung verwendet werden kann, ist die Clusteranalyse (vgl. Exkurs „Cluster-

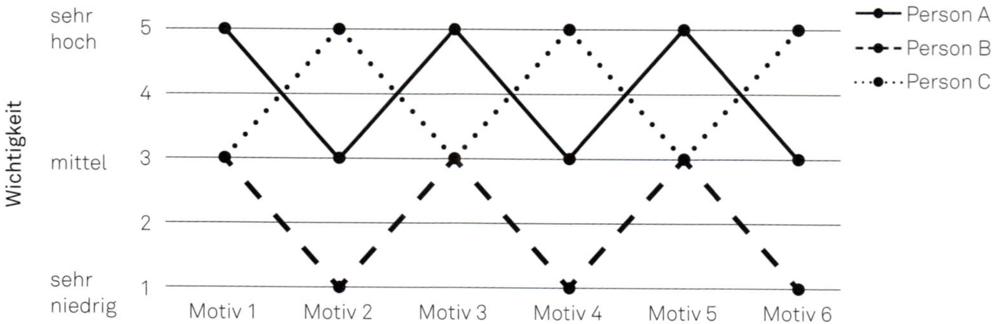

Abbildung 4-3: Hypothetische Darstellung von drei Motiv- und Zielprofilen

analyse“). Die Gruppenbildung basiert dabei häufig auf Differenzmaßen. Personen werden einzeln miteinander verglichen, indem die quadrierten Differenzen der einzelnen Motiv- und Zielmittelwerte zu einer Gesamtdifferenz aufsummiert werden. Im Beispiel in Abbildung 4-3 weisen Person B und C die gleichen Gesamtdifferenzen zu Person A auf:

- Gesamtdifferenz Motiv- und Zielprofil Person A und Person B:
  $(5-3)^2 + (3-1)^2 + (5-3)^2 + (3-1)^2 = 16$
- Gesamtdifferenz Motiv- und Zielprofil Person A und Person C:
  $(3-3)^2 + (5-1)^2 + (3-3)^2 + (5-1)^2 = 16$

Bei der Entwicklung der motivbasierten Sporttypen wurde nun entschieden, dass die hypothetischen Personen A und C besser zusammen in einer Gruppe „aufgehoben“ sind, als dies Personen A und B wären, obwohl die Gesamtdifferenzen gleich groß sind. Dies deshalb, weil Person A und C – vergleicht man die Motive und Ziele *innerhalb* der Personen – ähnliche Beweggründe zum Sporttreiben haben und folglich von ähnlichen Sportangeboten angesprochen werden.

Bei der intraindividuellen Standardisierung dient der Mittelwert über alle Motive und Ziele *einer Person* als Referenz dafür, ob Beweggründe als wichtig bzw. unwichtig anzusehen sind. In unserem hypothetischen Beispiel in Abbildung 4-3 werden durch dieses Vorgehen die generellen Niveauunterschiede zwischen Person A und C ausgeglichen und die beiden Personen dank ihrer ähnlichen Beweggründe zu einer Gruppe zusammengefasst.

Für die grafische Darstellung des Motiv- und Zielprofils werden die intraindividuell standardisierten Werte auf eine Skala transformiert, deren Mittelwert bei 100 und deren Standardabweichung bei 10 liegt. Diese Transformation hat zwei Vorteile: Erstens können dadurch die Motiv- und Zielausprägungen einer Person untereinander besser verglichen werden, weil über alle Motivbereiche hinweg mit dem gleichen „Maßstab“ gearbeitet wird. Zweitens wird es durch die Transformation möglich, die Motiv- und Zielausprägungen einer Person einer Referenzgruppe (z. B. Gesamtgruppe) gegenüberzustellen.

Die transformierten Motiv- und Zielausprägungen sind wie folgt zu interpretieren:

- sehr hohe Wichtigkeit: Werte ≥ 115
- hohe Wichtigkeit: Werte ≥ 105 bis 114
- mittlere Wichtigkeit: Werte ≥ 95 bis 104
- niedrige Wichtigkeit: Werte ≥ 85 bis 94
- sehr niedrige Wichtigkeit: Werte < 85

Exkurs: Clusteranalyse

Bei der Clusteranalyse werden Personen anhand verschiedener Variablen (z. B. sportbezogene Motive und Ziele) in Gruppen zusammengefasst. Innerhalb dieser sogenannten Cluster sollen sich die Personen möglichst wenig unterscheiden, zwischen den Clustern jedoch möglichst stark. Bei hierarchischen Clusteranalysen gibt es zu Beginn so viele Cluster, wie es Personen gibt. Danach werden die Cluster Schritt für Schritt zusammengelegt. Wie viele Cluster schlussendlich verwendet werden, ist oft nicht eindeutig und hängt von statistischen und inhaltlichen Überlegungen ab. Gebildet werden die Cluster aufgrund von Ähnlichkeits- (stehen für die Ähnlichkeit von zwei Personen bzw. Clustern) und Distanzmaßen (stehen für die Unähnlichkeit). Eines dieser Distanzmaße ist die Euklidische Distanz. Beim Ward-Verfahren werden die Personen mithilfe von Distanzmaßen so zu Clustern gruppiert, dass die Streuung (Varianz) des Clusters, also die durchschnittliche Abweichung der Personen vom Clustermittelwert, möglichst klein ist (Rudolf & Buse, 2020).

4.2.2 Interpretation der Motivprofile und der motivbasierten Sporttypen

Bevor wir auf die einzelnen motivbasierten Sporttypen eingehen, soll erläutert werden, wie ein individuelles Motiv- und Zielprofil zu lesen ist. In Abbildung 4-4 sind drei Profile sichtbar: das Motiv- und Zielprofil einer fiktiven Person, an das Motiv- und Zielprofil des ihr am ähnlichsten Sporttyps sowie jenes der Gesamtgruppe. Eine solche Abbildung kann in einer individuellen Sportberatung in einem persönlichen Gespräch zur Rückmeldung der individuellen Motive und Ziele eingesetzt werden (vgl. dazu Kapitel 5.3).

Der Blick auf das individuelle Profil verdeutlicht, dass der Person nebst Fitness/Gesundheit auch Ablenkung/Stressabbau und Aktivierung/Bewegungsfreude beim Sporttreiben sehr wichtig sind. Hingegen schätzt sie die Motive und Ziele Wettkampf/Leistung und Kontakt als nicht wichtig ein.

Der in Abbildung 4-4 zugewiesene motivbasierte Sporttyp stammt aus dem Projekt „Welcher Sport für wen?“. In dieser Untersuchung mit 231 Personen wurden insgesamt neun motivbasierte Sporttypen für das mittlere Erwachsenenalter anhand einer hierarchischen Clusteranalyse mit dem Ward-Verfahren identifiziert und anschließend validiert (vgl. Exkurs „Clusteranalyse“; Sudeck, Leh-

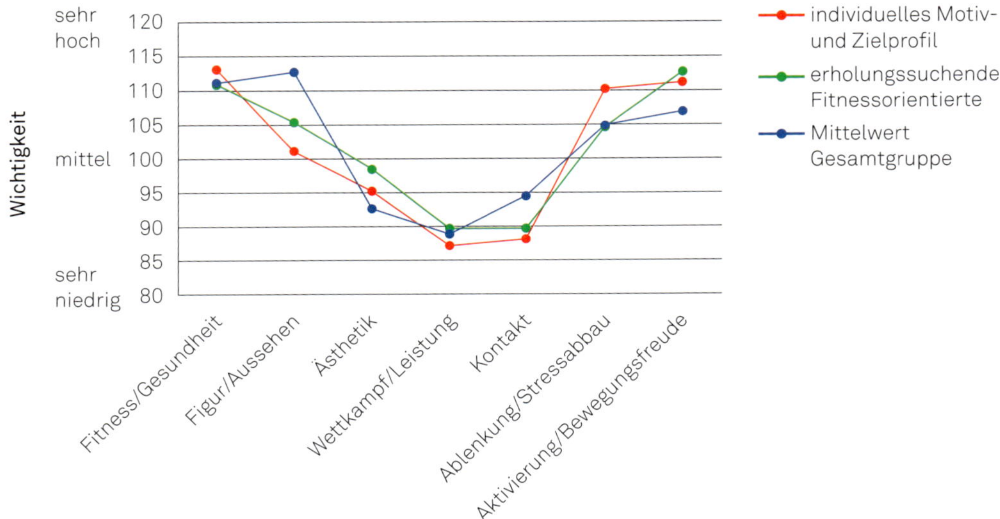

Abbildung 4-4: Beispielhafte Darstellung des individuellen Motivprofils sowie des ähnlichsten motivbasierten Sporttyps „erholungssuchende Fitnessorientierte“

nert & Conzelmann, 2011). In Abbildung 4-4 wurde von den neun motivbasierten Sporttypen nun derjenige ausgewählt, der dem individuellen Motiv- und Zielprofil der Person am ähnlichsten ist. Oder rechnerisch erklärt: Der Person wurde der Sporttyp „erholungssuchende Fitnessorientierte“ zugewiesen, weil dessen Profil die geringste Gesamtdifferenz zum individuellen Profil aufweist. Dementsprechend haben das rote und grüne Profil auch eine vergleichbare Form. Nichtsdestotrotz fällt bei einer Gegenüberstellung der beiden Profilverläufe auf, dass es kleine Unterschiede gibt. Beispielsweise ist der Person Ablenkung/Stressabbau wichtiger bzw. Figur/Aussehen weniger wichtig als den erholungssuchenden Fitnessorientierten. Diese Gegenüberstellung hilft uns, markante Abweichungen oder Besonderheiten des individuellen Motiv- und Zielprofils zu entdecken. Letztlich sollte stets im Hinterkopf behalten werden, dass bei den motivbasierten Sporttypen Informationen zusammengefasst werden. Diese Informationsverdichtung hilft uns zwar, die Maßschneiderung von Bewegungs- und Sportförderungsmaßnahmen handhabbarer zu machen, das individuelle Motiv- und Zielprofil bleibt jedoch am aussagekräftigsten.

4.3 Motivbasierte Sporttypen über die Lebensspanne

Weil sich Motive und Ziele über die Lebensspanne ändern können (vgl. Kapitel 3), haben wir die motivbasierten Sporttypen getrennt für das Jugendalter sowie das frühe, mittlere und höhere Erwachsenenalter ermittelt. Wir gehen also von typischen Motiv- und Zielprofilen je nach Altersgruppe aus. Jedoch ist nicht auszuschließen, dass gewisse Motivkonstellationen existieren, die in mehreren Altersgruppen gleichermaßen entdeckt werden können.

4.3.1 Motivbasierte Sporttypen im mittleren Erwachsenenalter

In Tabelle 4-1 werden die motivbasierten Sporttypen für das mittlere Erwachsenenalter beschrieben. Wie bereits erwähnt, handelt es sich hierbei um ein Resultat des Forschungsprojekts „Welcher Sport für wen?“. In diesem Projekt wurde das Konzept der motivbasierten Sporttypen erstmals erarbeitet und darauf aufbauend maßgeschneiderte Sportangebote entwickelt, durchgeführt und evaluiert (für genauere Erläuterungen vgl. Kapitel 5.1; Sudeck & Conzelmann, 2011; Sudeck et al., 2011). Um die Besonderheiten der einzelnen Sporttypen herauszuschälen, werden die Motiv- und Zielausprägungen zum einen innerhalb eines Profils miteinander verglichen. Zum anderen werden die Motiv- und Zielausprägungen des jeweiligen Sporttyps den Mittelwerten der Gesamtgruppe gegenübergestellt.

Abbildung 4-5 zeigt exemplarisch die Profile dreier motivbasierter Sporttypen im mittleren Erwachsenenalter. Es wird deutlich, dass die Profile mehr oder weniger stark von den Mittelwerten der Gesamtgruppe abweichen. Weiter ist erkennbar, dass das Motiv Fitness/Gesundheit bei allen drei Sporttypen ähnlich hoch ausgeprägt ist. Da Fitness und Gesundheit für fast alle Personen eine hohe bis sehr hohe Bedeutung hat (vgl. dazu auch Abbildung 4-2), hilft dieser Motivbereich wenig beim Einteilen von Menschen in homogene Gruppen. Darum floss Fitness/Gesundheit nicht in die Clusteranalyse und somit in die Identifikation der Sporttypen ein. Nichtsdestotrotz ist dieser Motivbereich in Abbildung 4-5 der Vollständigkeit halber aufgeführt. Er wird teilweise auch zur Beschreibung der Sporttypen in Tabelle 4-1 genutzt, wenn sich auf dem beschriebenen hohen Niveau kleinere Besonderheiten zeigen.

In Abbildung 4-6 sind die neun Sporttypen auf einem Kontinuum von (1) intrinsisch bis extrinsisch motiviert und (2) traditionellem Sport bis Gesundheitssport angeordnet. Menschen,

Tabelle 4-1: Charakterisierung der neun motivbasierten Sporttypen im mittleren Erwachsenenalter

Kontaktfreudige Sportlerinnen und Sportler	• Zeigen überdurchschnittliche Ausprägungen der Motive Wettkampf/Leistung, Kontakt und Aktivierung/Bewegungsfreude. • Haben geringste funktionale Ausrichtung auf die körperliche Erscheinung und die Gewichtsregulation.
Figurbewusste Ästhetinnen und Ästheten	• Weisen überdurchschnittliches Bedürfnis nach ästhetischen Erfahrungen während des Sporttreibens auf. • Zeigen durchschnittlich hohe Ausrichtung auf die Freude an der Bewegung selbst und der Aktivierung durch sportliche Aktivitäten. • Haben leicht überdurchschnittliche Werte bei Figur/Aussehen. • Alle anderen Motive, insbesondere leistungsbezogene Aspekte, sind unterdurchschnittlich ausgeprägt.
Aktiv-Erholer-innen und -Erholer	• Sporttreiben ist auf die psychischen Aspekte der Erholung ausgerichtet (Ablenkung/Stressabbau und Aktivierung/Bewegungsfreude). • Funktionale Ausrichtung des Sporttreibens auf körperliche Effekte ist gering (Figur/Aussehen). • Ästhetische, soziale oder leistungsbezogene Erfahrungen während des Sporttreibens sind eher unbedeutend.
Erholungs-suchende Fitnessorientierte	• Auch hier zielt das Sporttreiben auf die Erholung (Ablenkung/Stressabbau und Aktivierung/Bewegungsfreude). • Ausrichtung des Sporttreibens auf körperliche Effekte wie Figur und Körpergewicht ist nicht zu vernachlässigen, was auch durch eine hohe Ausprägung des Motivs Gesundheit/Fitness unterstützt wird. • Es besteht ein geringes Kontaktbedürfnis.
„Zweckfrei" Sportbegeisterte	• Ästhetische Erfahrungen während des Sporttreibens sind am wichtigsten, Aktivierung/Bewegungsfreude sind ebenfalls von hoher Bedeutung. • Deutlich unterdurchschnittlich wichtig sind die zweckzentrierten Motivbereiche Figur/Aussehen und Ablenkung/Stressabbau, was durch die niedrigsten Werte für den Bereich Gesundheit/Fitness unterstützt wird.
Gesundheits- und Figurorientierte	• Zentrales Anliegen ist die körperliche Gesundheit, dementsprechend zeigt sich eine hohe Ausprägung des Motivs Gesundheit/Fitness. • Weisen mit Abstand die höchste Ausprägung im Motiv Figur/Aussehen auf. • Andere Beweggründe sind deutlich weniger wichtig.
Figurbewusste Gesellige	• Soziale Kontakte im Sport sind ein zentrales Motiv; weitere Funktion besteht darin, körperliche Effekte des Sporttreibens zu nutzen, welche die Gewichtsregulation und das körperliche Erscheinungsbild betreffen, aber auch allgemein auf die körperliche Gesundheit und Fitness bezogen sind. • Ästhetische Erfahrungen oder das Reduzieren von Ärger und Stress durch Sport sind wenig bedeutsam.
Figurorientierte Stressreguliere-rinnen und -regulierer	• Zeigen hohe Zweckorientierung des Sporttreibens: Sport wird als Mittel gesehen, um die Figur und das Aussehen zu optimieren sowie um Erholungseffekte zu erreichen (Ablenkung/Stressabbau). • Stark unterdurchschnittlich ausgeprägt sind die Motivbereiche, die in der Tätigkeit selbst liegen, wie etwa Aktivierung/Bewegungsfreude und Ästhetik.
Erholungs-suchende Sportlerinnen und Sportler	• Haben deutlich unterdurchschnittliche Ausprägung des Motivs Figur/Aussehen und unterdurchschnittliches Kontaktbedürfnis. • Alle übrigen Motive sind überdurchschnittlich ausgeprägt, wobei erholungsrelevante Motive (Ablenkung/Stressabbau, Aktivierung/Bewegungsfreude) am wichtigsten sind.

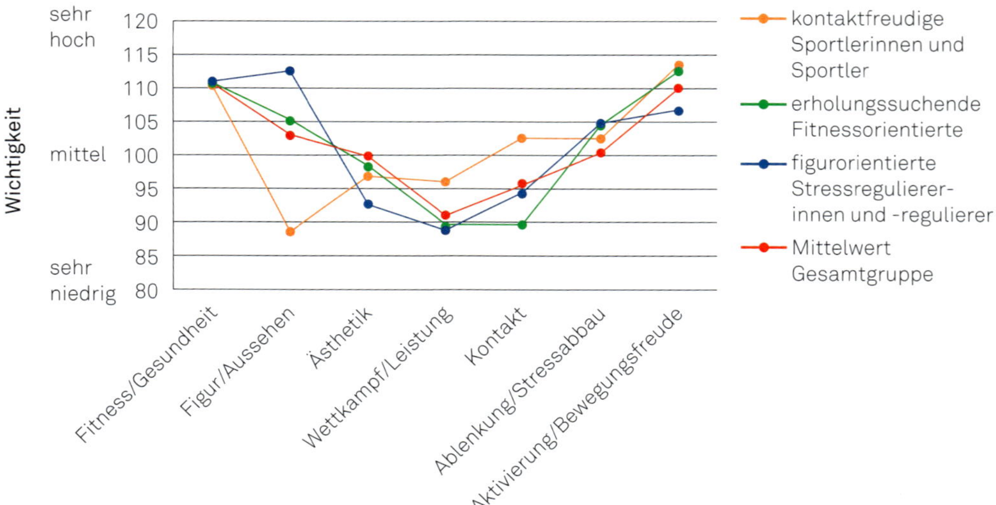

Abbildung 4-5: Das Profil von drei motivbasierten Sporttypen im Vergleich

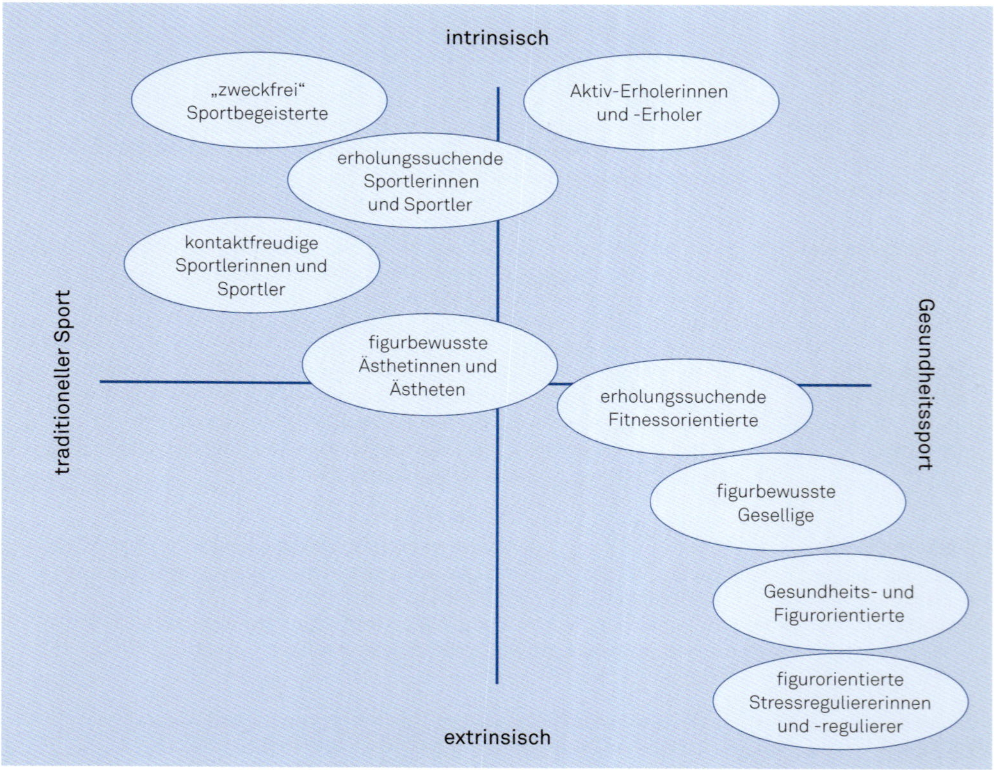

intrinsisch

„zweckfrei“ Sportbegeisterte

Aktiv-Erholerinnen und -Erholer

erholungssuchende Sportlerinnen und Sportler

kontaktfreudige Sportlerinnen und Sportler

traditioneller Sport

figurbewusste Ästhetinnen und Ästheten

Gesundheitssport

erholungssuchende Fitnessorientierte

figurbewusste Gesellige

Gesundheits- und Figurorientierte

figurorientierte Stressreguliererinnen und -regulierer

extrinsisch

Abbildung 4-6: Einordnung der motivbasierten Sporttypen im mittleren Erwachsenenalter mit Blick auf das Verständnis der Bewegungsaktivität (von traditionellem Sport bis Gesundheitssport) und die Selbstkonkordanz (von intrinsisch bis extrinsisch motiviert; nach Conzelmann, 2011, S. 19) die eher intrinsisch motiviert sind, üben diese Tätigkeit um ihrer selbst willen aus. Demgegenüber treiben extrinsisch motivierte Menschen Sport aufgrund äußerer Einflüsse. Mögliche äußere Einflüsse könnten z. B. Meinungen anderer Personen sein oder die positiven Folgen, die man sich durch Sport erhofft (für genauere Erläuterungen vgl. Kapitel 3.1). Die Unterscheidung „traditioneller Sport" und „Gesundheitssport" bezieht sich auf das Verständnis der jeweiligen Bewegungsaktivität. Traditioneller Sport (im engen Sinne) sind wettkampforientierte Aktivitäten, bei denen bestimmte Regeln und Normen eingehalten und bestimmte Werte verfolgt werden (z. B. Kameradschaft, Chancengleichheit, sportliche Leistung als sinnstiftendes Element). Der traditionelle Sport bezieht sich in der Regel auf Sportarten (z. B. Fußball, Leichtathletik, Schwimmen). Demgegenüber orientiert sich gesundheitsorientierter Sport nicht an Sportarten, sondern an (gesunden) Bewegungsformen. Es geht nicht um Leistung und Wettkampf, sondern darum, die körperliche und psychische Gesundheit sowie das Wohlbefinden zu verbessern (vgl. dazu Willimczik, 2007).

Schauen wir uns exemplarisch die Einordnung der erholungssuchenden Fitnessorientierten und figurorientierten Stressreguliererinnen und -regulierer etwas genauer an. Mit Blick auf das Verständnis der Bewegungsaktivität sind beide Typen (eher) im Gesundheitssport angesiedelt, da ihnen das Motiv Wettkampf/Leistung unwichtig ist und es ihnen eher darum geht, die Gesundheit und das Wohlbefinden zu fördern. Etwas unterschiedlicher einzuordnen sind die zwei Typen mit Blick auf die Selbstkonkordanz. Die figurorientierten Stressreguliererinnen und -regulierer sind extrinsisch motiviert, weil sie Sport primär als Mittel für weitere Zwecke sehen: Sie möchten durch das Sporttreiben ihre Figur und ihr Aussehen optimieren sowie Stress abbauen. Im Vergleich zu den figurorientierten Stressreguliererinnen und -regulierern sind die erholungssuchenden Fitnessorientierten auf dem Selbstkonkordanz-Kontinuum in der Mitte angesiedelt. Zwar ist der Stressabbau auch diesem Typ ein großes Anliegen, jedoch ist ihm das zweckzentrierte Motiv Figur/Aussehen etwas weniger wichtig und das tätigkeitsorientierte Motiv Aktivierung/Bewegungsfreude etwas wichtiger.

4.3.2 Motivbasierte Sporttypen im Jugend- und frühen Erwachsenenalter

Im Jugend- und frühen Erwachsenenalter konnten je sechs verschiedene Sporttypen gefunden werden, welche in Tabelle 4-2 und Tabelle 4-3 genauer beschrieben werden. Die Sporttypen lassen sich wiederum auf einem Kontinuum von intrinsisch bis extrinsisch motiviert und von traditionellem Sport bis Gesundheitssport anordnen (vgl. Abbildung 4-7 für das Jugendalter und Abbildung 4-8 für das frühe Erwachsenenalter).

Generell fällt auf, dass einige Sporttypen, die im mittleren Erwachsenenalter identifiziert wurden, in vergleichbarer Form auch im Jugend- und frühen Erwachsenenalter wieder auftauchen. So ließen sich z. B. die „zweckfrei" Sportbegeisterten, die kontaktfreudigen Sportlerinnen und Sportler sowie die Gesundheits- und Figurorientierten auch bei den Jüngeren finden. Neben diesen Gemeinsamkeiten eröffnet der Quervergleich jedoch auch Unterschiede. So ist die Mehrheit der Sporttypen im Jugendalter in Abbildung 4-7 im linken oberen Quadranten angesiedelt, während sich jene des mittleren Erwachsenenalters über das ganze Achsenkreuz hinweg verteilen. Dies deutet darauf hin, dass Jugendliche insgesamt intrinsischer motiviert sind, sprich weniger zweckorientierte Ziele verfolgen und ein traditionelleres Sportverständnis haben als die Älteren.

4.3.3 Motivbasierte Sporttypen im höheren Erwachsenenalter

Im höheren Erwachsenenalter wurden insgesamt acht motivbasierte Sporttypen identifiziert, welche in Tabelle 4-4 genauer beschrie-

Tabelle 4-2: Charakterisierung der sechs motivbasierten Sporttypen im Jugendalter

„Zweckfrei" Sportbegeisterte	• Ästhetische Erfahrungen während des Sporttreibens sind am wichtigsten, zudem sind Kontakt und Wettkampf/Leistung als Motive wichtig. • Deutlich unterdurchschnittlich wichtig ist der zweckzentrierte Motivbereich Figur/Aussehen, was durch den niedrigsten Wert für den Bereich Gesundheit unterstützt wird.
Ästhetinnen und Ästheten	• Haben überdurchschnittliches Bedürfnis nach ästhetischen Erfahrungen während des Sporttreibens. • Weisen leicht unterdurchschnittliche Werte bei Wettkampf/Leistung auf. • Das Motiv Risiko/Herausforderung ist gar nicht wichtig.
Risikosuchende	• Zentral ist hier die Ausrichtung auf das Motiv Risiko/Herausforderung. • Alle übrigen Motive sind nur durchschnittlich bzw. unterdurchschnittlich ausgeprägt.
Kontaktfreudige Sportlerinnen und Sportler	• Haben überdurchschnittliche Ausprägungen der Motive Wettkampf/Leistung und Kontakt. • Zeigen geringste funktionale Ausrichtung auf die körperliche Erscheinung und die Gewichtsregulation.
Erholungssuchende Figur- und Gesundheitsorientierte	• Typisch ist hier die Ausrichtung auf die Motive Ablenkung/Stressabbau, Figur/Aussehen und Gesundheit. • Alle anderen Motivbereiche sind unterdurchschnittlich ausgeprägt.
Gesundheits- und Figurorientierte	• Zentrales Anliegen ist die körperliche Gesundheit, dementsprechend zeigt sich eine hohe Ausprägung des Motivs Gesundheit/Fitness. • Weisen mit Abstand die höchste Ausprägung im Motiv Figur/Aussehen auf. • Andere Beweggründe sind deutlich weniger wichtig bzw. unterdurchschnittlich.

ben werden. Auch diese Sporttypen lassen sich auf einem Kontinuum von intrinsisch bis extrinsisch motiviert und traditionellem Sport bis Gesundheitssport anordnen (vgl. Abbildung 4-9).

Auch hier sticht bei einem Quervergleich ins Auge, dass einige Sporttypen des mittleren Erwachsenenalters in ähnlicher Form auch im höheren Erwachsenenalter identifiziert wurden. Gemeinsam sind den beiden Altersgruppen z. B. die figurbewussten Geselligen. Zudem weisen die „zweckfrei" Sportbegeisterten des mittleren Erwachsenenalters und die Sportbegeisterten des höheren Erwachsenenalters mit ihren hoch ausgeprägten tätigkeitszentrierten Motiven eine gewisse Ähnlichkeit auf. Ein Unterschied besteht darin, dass sich die Sporttypen des höheren Erwachsenenalters tendenziell häufiger dem Gesundheitssport zuordnen lassen als jene der jüngeren Altersgruppen.

4.4 Weitergehende empirische Befunde zu den motivbasierten Sporttypen

Nachfolgend präsentieren wir weiterführende Befunde der motivbasierten Sporttypen. Wir schauen uns nicht nur an, wie konstant die Sporttypen über die Zeit sind (Kap. 4.4.1), sondern auch, wie sich die Sporttypen über verschiedene Bevölkerungsgruppen hinweg verteilen (Kap. 4.4.2).

4.4.1 Stabilität von Motiv- und Zielprofilen

In der wissenschaftlichen Literatur wird davon ausgegangen, dass sportbezogene Motive und Ziele mittelfristig stabil sind. Dennoch können Sportförderungsmaßnahmen beabsichtigen, die

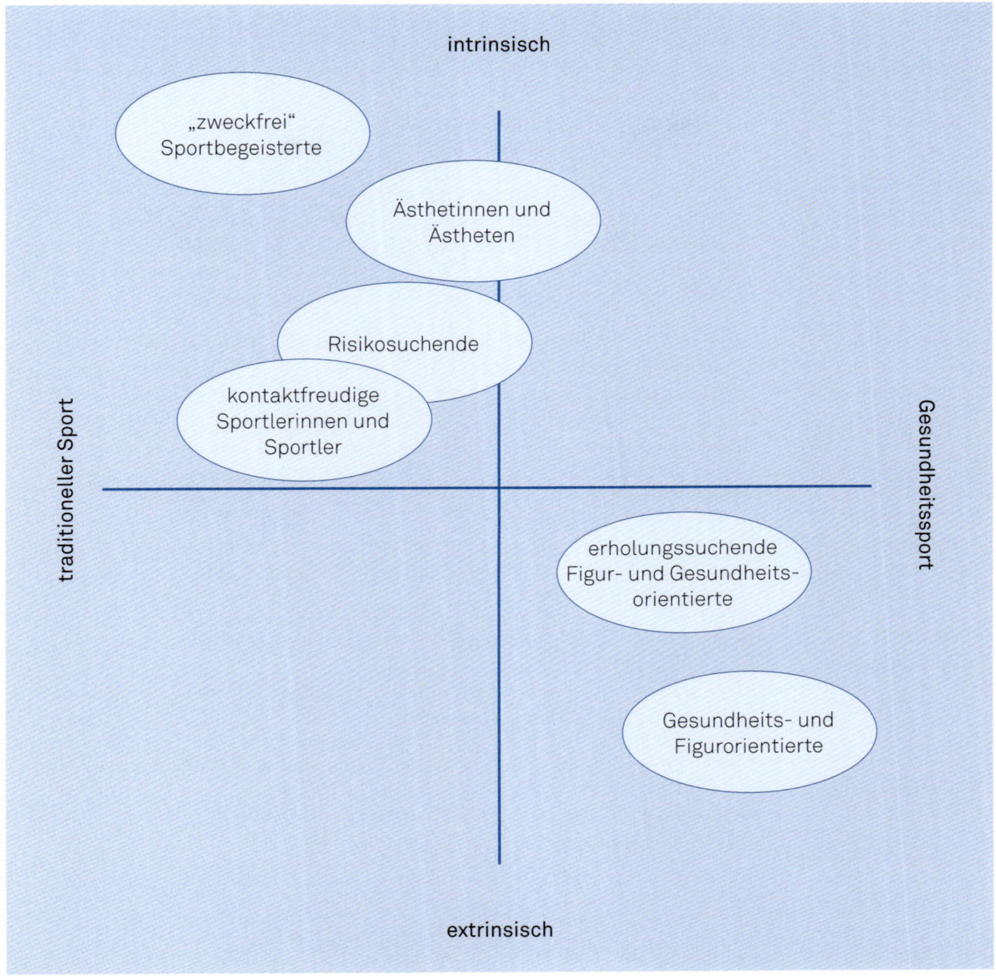

Abbildung 4-7: Einordnung der motivbasierten Sporttypen im Jugendalter mit Blick auf das Verständnis der Bewegungsaktivität (von traditionellem Sport bis Gesundheitssport) und die Selbstkonkordanz (von intrinsisch bis extrinsisch motiviert)

Motive und Ziele der Teilnehmenden zu verändern. Beispielsweise könnte anvisiert werden, das Sportverhalten motivational „breiter“ zu verankern. Denkbar wäre auch eine Maßnahme, die versucht, v.a. Motive und Ziele zu fördern, die in der Tätigkeit selbst liegen, und die damit die intrinsische Motivation stärkt (Rodgers, Hall, Duncan, Pearson & Milne, 2010).

Um nicht nur die Stabilität von einzelnen Motiven und Zielen, sondern die ganzer Profile zu untersuchen, wurden 100 Personen im mittleren Erwachsenenalter im Abstand von einem Jahr zwei Mal befragt (Schmid, Sudeck & Conzelmann, 2015). Bei den Personen handelte es sich um eine Teilstichprobe des Projekts „Welcher Sport für wen?“. Drei Erkenntnisse konnten aus den Analysen gewonnen werden: *Erstens* zeigte sich, dass auch ein Jahr nach der ersten Befragung nahezu die gleichen neun Sporttypen wieder zu finden sind. Man spricht in diesem Zusammenhang von einer hohen strukturellen Stabilität. *Zweitens* wurde deutlich, dass die Personen eines Sporttyps mit großer Wahrscheinlichkeit ein

Tabelle 4-3: Charakterisierung der sechs motivbasierten Sporttypen im frühen Erwachsenenalter

Kontaktfreudige Sportlerinnen und Sportler	• Weisen überdurchschnittliche Ausprägungen in den Motiven Kontakt und Wettkampf/Leistung auf. • Haben geringste funktionale Ausrichtung auf die körperliche Erscheinung und die Gewichtsregulation.
Aktiv-Erholerinnen und -Erholer	• Zeigen überdurchschnittliche Ausprägung im Motiv Ablenkung/Stressabbau und habe somit das Bedürfnis, sich durch den Sport aktiv zu erholen. • Das Motiv Risiko/Herausforderung weist einen leicht überdurchschnittlichen Wert auf. • Haben ein geringes Bedürfnis nach Kontakt im und durch Sport.
Gesundheits-orientierte Ästhetinnen und Ästheten	• Haben ein überdurchschnittliches Bedürfnis nach ästhetischen Erfahrungen während des Sporttreibens • Das Bedürfnis, die Gesundheit durch Sport zu fördern, ist stark ausgeprägt. • Zeigen unterdurchschnittliche Werte bei Wettkampf/Leistung und Risiko/Herausforderung.
Figur- und gesundheits-orientierte Ästhetinnen und Ästheten	• Weisen überdurchschnittliches Bedürfnis nach ästhetischen Erfahrungen während des Sporttreibens auf. • Zweckzentrierte Motive Figur/Aussehen, Gesundheit sind ebenfalls zentral. • Zeigen unterdurchschnittliche Werte in Kontakt, Wettkampf/Leistung und Risiko/Herausforderung.
Fitness-orientierte	• Zeichnen sich durch eine hohe Zweckorientierung des Sporttreibens aus: zentral ist vor allem das Motiv Fitness. • Stark unterdurchschnittlich wichtig sind die tätigkeitszentrierten Motive Ästhetik und Risiko/Herausforderung.
Gesundheits- und Figur-orientierte	• Weisen mit Abstand die höchsten Ausprägungen in den Motiven Gesundheit und Figur/Aussehen auf. • Andere Beweggründe sind deutlich weniger wichtig bzw. unterdurchschnittlich.

Jahr später wieder dem gleichen Sporttyp zugeteilt werden. In diesem Zusammenhang spricht man von einer hohen individuellen Stabilität. Insgesamt scheint es also Sinn zu ergeben, Bewegungs- und Sportförderungsmaßnahmen auf Motive und Ziele maßzuschneidern, da es sich nicht um hoch fluktuierende Personenmerkmale handelt, was eine ständige Anpassung der Maßnahmen erfordern würde. In der Analyse wurden zudem (die wenigen) Personen genauer unter die Lupe genommen, die den Sporttypen über die Zeit gewechselt haben. Dabei zeigte sich *drittens,* dass sie auffällig häufig von einem Sporttyp mit extrinsischen Motiven und Zielen (z.B. Gesundheits- und Figurorientierte) zu einem Sporttyp mit stärker intrinsischen Motiven und Zielen (z.B. „zweckfrei" Sportbegeisterte) wechselten. Dieses Resultat ist insofern wünschenswert, als eine erhöhte Selbstkonkordanz zur Aufrechterhaltung der sportlichen Aktivität beiträgt. Die maßgeschneiderten Sportangebote von „Welcher Sport für wen?" (vgl. dazu Kapitel 5.1) scheinen somit für diese Personen nachhaltig wirkungsvoll gewesen zu sein.

Die Stabilität von Motiv- und Zielprofilen wurde auch für das Jugendalter untersucht. Hierfür wurden 441 Personen zwei Mal befragt (59 % Frauen, $M_{Alter} = 15{,}2$ Jahre). Die erste Befragung fand im letzten obligatorischen Schuljahr statt. Die zweite wurde ein Jahr später durchgeführt, nachdem die Jugendlichen entweder auf eine weiterführende Schule gewech-

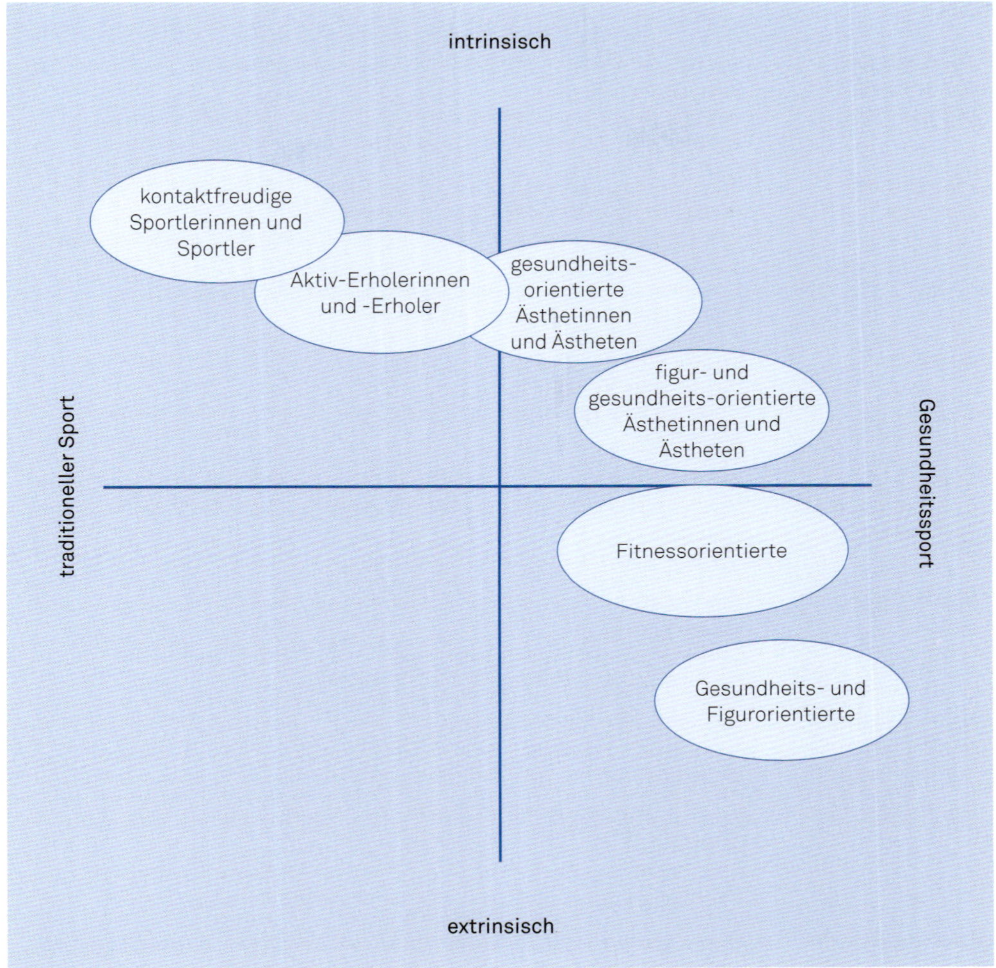

Abbildung 4-8: Einordnung der motivbasierten Sporttypen im frühen Erwachsenenalter mit Blick auf das Verständnis der Bewegungsaktivität (von traditionellem Sport bis Gesundheitssport) und die Selbstkonkordanz (von intrinsisch bis extrinsisch motiviert)

selt, eine Berufsausbildung begonnen oder eine Übergangslösung gewählt hatten. Bei den Personen handelte es sich um die (erweiterte) Stichprobe des „SpoT"-Projekts (*Spo*rtverhalten bei der *T*ransition von der obligatorischen Schule in eine weiterführende Ausbildung; Gut, Schmid, Imbach & Conzelmann, 2022; Schmid, Gut, Yanagida & Conzelmann, 2020). Auch bei dieser Altersgruppe konnten bei beiden Befragungszeitpunkten ähnliche Sporttypen gefunden werden, was für die strukturelle Stabilität der Typen spricht. Mit Blick auf die Entwicklungswege einzelner Jugendlicher zeigte sich erneut, dass die Personen häufig zu beiden Zeitpunkten dem gleichen Sporttyp zugeteilt wurden. Die individuelle Stabilität war im Vergleich zu den Personen im mittleren Erwachsenenalter jedoch deutlich geringer. Dies hat möglicherweise damit zu tun, dass sich die Lebensumstände und Entwicklungsaufgaben von Jugendlichen beim Bildungsübergang verändern können, was wiederum dazu führen kann, dass sie einzelne Motive und Ziele anders bewerten.

Tabelle 4-4: Charakterisierung der acht motivbasierten Sporttypen im höheren Erwachsenenalter

Kontaktfreudige Gehirnjoggerinnen und -jogger	• Weisen leicht überdurchschnittliche Ausprägungen der Motive Kontakt und kognitive Funktionsfähigkeit auf. • Zeigen geringe funktionale Ausrichtung des Sports auf die körperliche Erscheinung und die Gewichtsregulation.
Figurbewusste Gesellige	• Typisch ist die Ausrichtung auf den sozialen Kontakt und die Möglichkeit, durch den Sport das Gewicht zu regulieren. • Leicht überdurchschnittlich ist auch das Motiv kognitive Leistungsfähigkeit. • Unbedeutsam sind hingegen die beiden Motive positive Bewegungserfahrungen und Stimmungsregulation.
Gesellige	• Soziale Kontakte im Sport zu knüpfen oder durch den Sport zu pflegen, ist das zentrale Motiv. • Unbedeutsam ist hingegen die Möglichkeit, durch den Sport geistig fit zu bleiben.
Stimmungsoptimiererinnen und -optimierer	• Zentrales Motiv ist, durch den Sport negative Emotionen wie etwa Niedergeschlagenheit, Stress oder Energielosigkeit zu reduzieren (Stimmungsregulation). • Deutlich unterdurchschnittlich ausgeprägt ist das Motiv Figur/Aussehen.
Gehirnjoggerinnen und -jogger	• Das wichtigste Motiv ist, die kognitive Leistung durch den Sport zu erhalten und zu fördern. • Positive Bewegungserfahrungen oder Kontaktmöglichkeiten im und durch den Sport sind unterdurchschnittlich wichtig.
Sportbegeisterte Gehirnjoggerinnen und -jogger	• Überdurchschnittlich ausgeprägt ist das tätigkeitsorientierte Motiv positive Bewegungserfahrungen sowie das Motiv kognitive Funktionsfähigkeit. • Unterdurchschnittlich wichtig ist der Kontakt im und durch den Sport.
Figurbewusste	• Stark überdurchschnittlich wichtig ist das zweckorientierte Motiv Figur/Aussehen. • Alle anderen Motive, wie kognitive Funktionsfähigkeit, Kontakt oder positive Bewegungserfahrungen, sind unterdurchschnittlich ausgeprägt.
Sportbegeisterte	• Stark überdurchschnittlich ausgeprägt ist der tätigkeitsorientierte Wunsch, ästhetische, angenehme und freudvolle Bewegungserfahrungen zu machen. • Stark unterdurchschnittlich ausgeprägt ist das Motiv kognitive Funktionsfähigkeit.

4.4.2 Verteilung der motivbasierten Sporttypen über unterschiedliche Gruppen hinweg

Die motivbasierten Sporttypen wurden mit der Idee entwickelt, dass sich die typischen Motiv- und Zielprofile in verschiedenen Bevölkerungsgruppen wiederfinden lassen. Es ist aber zu erwarten, dass die Verteilung der motivbasierten Sporttypen je nach betrachteter Gruppe und Setting variiert. Um diese Annahme zu überprüfen, wurden die Verteilungen der Sporttypen über verschiedene Stichproben hinweg analysiert. Tabelle 4-5 (S. 48) zeigt die Resultate von a) den Teilnehmenden des Forschungsprojekts „Welcher Sport für wen?“ (Sudeck et al., 2011), b) den Teilnehmerinnen des Schweizer Frauenlaufs im Jahr 2009, c) Nutzerinnen und Nutzer des Webportals eBalance, das Menschen dabei unterstützt, ihr Körpergewicht zu reduzieren, sowie von d) Patientinnen und Patienten zu Beginn einer medizinischen Rehabilitation (Huber & Su-

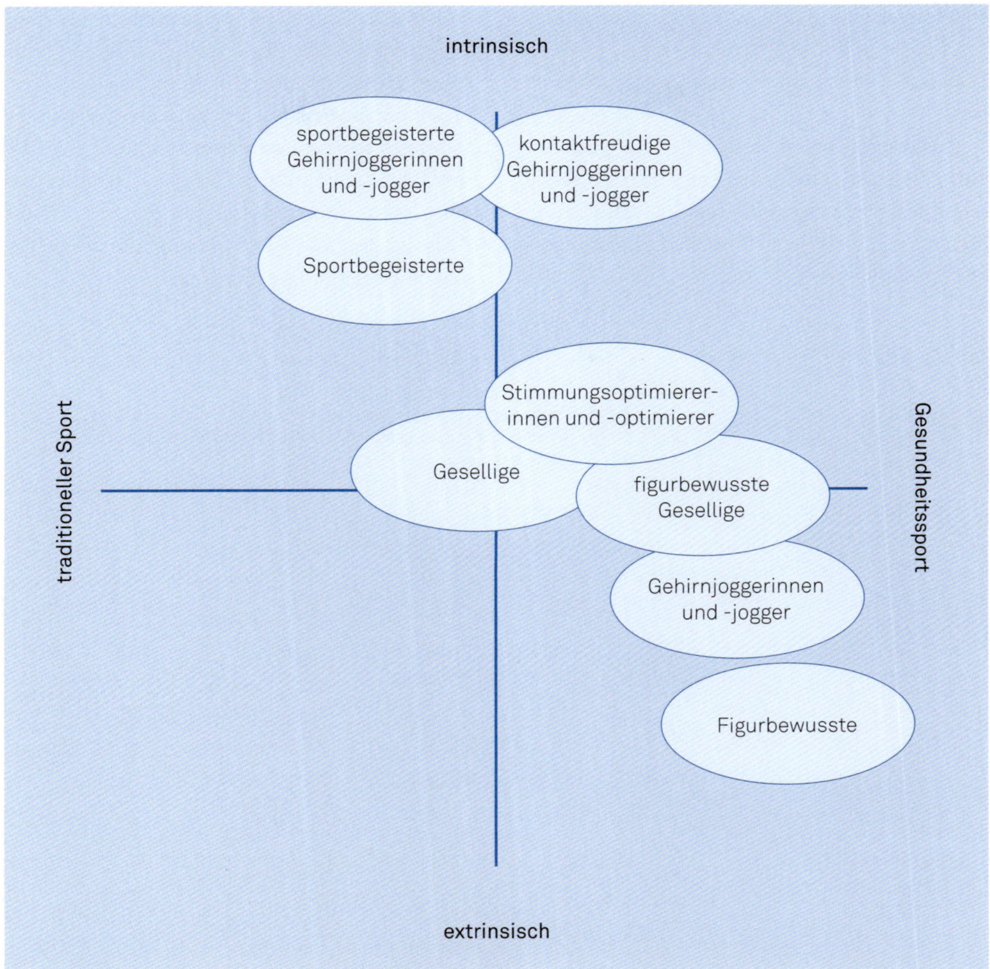

Abbildung 4-9: Einordnung der motivbasierten Sporttypen im höheren Erwachsenenalter mit Blick auf das Verständnis der Bewegungsaktivität (von traditionellem Sport bis Gesundheitssport) und die Selbstkonkordanz (von intrinsisch bis extrinsisch motiviert)

deck, 2014). Erwartungskonform zeigt sich, dass die Sporttypen je nach Stichprobe unterschiedlich häufig vorkommen. Bei den Nutzerinnen und Nutzern von eBalance werden zwei Drittel der Personen einem Sporttyp zugeordnet, der zweckorientierte Ziele verfolgt (38 % figurorientierte Stressregulierer/innen, 36 % Gesundheits- und Figurorientierte). Demgegenüber sind die Sporttypen, die eher ein traditionelles Sportverständnis haben, in der Gruppe fast gar nicht vertreten (< 1 % „zweckfrei“ Sportbegeisterte, < 1 % erholungssuchende Sportler/innen, 1 % kontaktfreudige Sportler/innen). Anders sieht die Verteilung bei den Teilnehmerinnen des Schweizer Frauenlaufs, einem 5- bzw. 10-km-Stadtlauf, aus. Bei dieser Gruppe sind genau die intrinsisch motivierten Sporttypen mit traditionellem Sportverständnis häufiger zu finden (17 % erholungssuchende Sportlerinnen, 16 % „zweckfrei“ Sportbegeisterte). Die Patientinnen und Patienten der medizinischen Rehabilitationsmaßnahme sind schließlich zwischen den eBalance-Nutzerinnen und -Nutzern sowie den Frauenlauf-Teilnehmerinnen anzusiedeln, wenngleich eher extrinsisch motivierte Sporttypen bei dieser Personengruppe stärker vertreten sind als die eher intrinsisch motivierten Sporttypen.

Zusammenfassend lässt sich Folgendes festhalten: Die in Tabelle 4-5 aufgeführten Resultate sprechen insgesamt für die Validität der Sporttypen, weil sie sich bei den präsentierten Stichproben wie erwartet verteilen. Es wird auch ersichtlich, dass in ausgewählten Bevölkerungsgruppen, wie etwa bei den eBalance-Nutzerinnen und -Nutzern, nicht mehr alle motivbasierten Sporttypen vertreten sind. Vielmehr kommt es zu einer markanten Häufung, welche aber das Potenzial birgt, dass z.B. bei der Gestaltung von Sportangeboten (vgl. Kapitel 5) auf die besonders stark vertretenen Sporttypen gezielt eingegangen werden kann.

Tabelle 4-5: Häufigkeitsverteilung der motivbasierten Sporttypen über verschiedene Stichproben hinweg

Stichproben	**Häufigkeit der Sporttypen im mittleren Erwachsenenalter**								
	„Zweckfrei" Sportbegeisterte	**Erholungssuchende Sportlerinnen und Sportler**	**Kontaktfreudige Sportlerinnen und Sportler**	**Aktiv-Erholerinnen und -Erholer**	**Figurbewusste Ästhetinnen und Ästheten**	**Erholungssuchende Fitnessorientierte**	**Figurbewusste Gesellige**	**Gesundheits- und Figurorientierte**	**Figurorientierte Stressreguliererinnen und -regulierer**
Teilnehmende des Projekts „Welcher Sport für wen?" (N = 228)	9 %	10 %	7 %	8 %	17 %	15 %	8 %	14 %	12 %
Nutzerinnen und Nutzer von eBalance (N = 3082)	1 %	< 1 %	< 1 %	1 %	12 %	8 %	3 %	36 %	38 %
Teilnehmerinnen des Schweizer Frauenlaufs (N = 1813)	16 %	17 %	5 %	6 %	25 %	14 %	4 %	8 %	5 %
Patientinnen und Patienten einer medizinischen Rehabilitationsmaßnahme (N = 907)	3 %	6 %	6 %	8 %	13 %	11 %	10 %	17 %	26 %

Anmerkung: rot = unterdurchschnittlich häufig; grün = überdurchschnittlich häufig

5 Herstellung optimaler Passungsverhältnisse

Auf dem Weg hin zu einer Person-Sport-Passung haben wir im vorangehenden Kapitel 4 den zweiten Schritt der Segmentierung der Zielgruppe vorgestellt. Wir haben das Konzept der motivbasierten Sporttypen präsentiert, bei dem Personen anhand ihrer Motiv- und Zielprofile gruppiert werden. In diesem Kapitel werden wir nun den dritten und letzten Schritt der Maßschneiderung genauer unter die Lupe nehmen. Wir werden drei Möglichkeiten aufzeigen, um Sportaktivitäten auf die individuellen Motive und Ziele von Personen abzustimmen: Wir können (1) maßgeschneiderte Sportangebote entwickeln (vgl. Kapitel 5.1), (2) eine bestehende Angebotspalette anpassen und/oder erweitern (vgl. Kapitel 5.2) oder (3) eine individuelle Sportberatung durchführen (vgl. Kapitel 5.3).

5.1 Maßschneiderung von Sportangeboten

5.1.1 Anwendungsbereich und Ziele maßgeschneiderter Sportangebote

Bei der ersten Variante werden zunächst die motivbasierten Sporttypen der Teilnehmenden identifiziert. Danach werden Sportangebote entwickelt, die systematisch auf deren Motive und Ziele zugeschnitten sind. Diese Variante eignet sich z.B. für den Neuaufbau von Angebotsstrukturen größerer Einrichtungen, wie etwa den Hochschulsport, Gesundheitsligen, Fitnesscenter-Ketten oder Sportämter. Das Ziel von maßgeschneiderten Sportangeboten ist, dass sich die Teilnehmenden während und nach dem Sport wohler fühlen. Ein positives Wohlbefinden wiederum soll zu einem regelmäßigen Sportverhalten führen (Kahneman, 1999; Liao, Shonkoff & Dunton, 2015; Rhodes & Kates, 2015). Konkret sollen die maßgeschneiderten Sportangebote folgende drei Wohlbefindensdimensionen ansprechen (Sudeck & Conzelmann, 2011; Wilhelm & Schoebi, 2007; vgl. auch Exkurs „Unterschiedliche dimensionale Ansätze des Befindens"):

- *Valenz:* Personen mit einer hohen Valenz fühlen sich in diesem Moment zufrieden und wohl.
- *Positive Aktivierung:* Personen mit einer hohen positiven Aktivierung fühlen sich gerade jetzt energiegeladen und wach.
- *Ruhe:* Personen mit einer hohen Ruhe fühlen sich in diesem Moment ruhig und entspannt.

Der größte Effekt maßgeschneiderter Sportangebote ist für die Valenz zu erwarten, da sie erstens die „prototypischste" Wohlbefindensdimension ist (Schimmack & Grob, 2000) und zweitens mit weiteren positiven Erfahrungen beim Sporttreiben zusammenhängt (z.B. Freude an der Bewegung selbst oder die Wahrnehmung der eigenen Kompetenz).

Exkurs: Unterschiedliche dimensionale Ansätze des Befindens

Dimensionale Ansätze gehen davon aus, dass sich sämtliche affektiven Zustände (z.B. Ärger, Freude) mit wenigen übergeordneten Dimensionen messen lassen (vgl. Abbildung 5-1). In der Forschung existiert sowohl der drei- als auch der zweidimensionale Ansatz. Beim dreidimensionalen Ansatz werden die Valenz, positive Aktivierung und Ruhe voneinander abgegrenzt. Demgegenüber werden beim zweidimensionalen Ansatz nur die Valenz und Aktivierung differenziert. In der Dimension Aktivierung werden die positive Aktivierung und Ruhe zusammengefasst (Sudeck & Thiel, 2020).

5.1.2 Konzeptionelle Überlegungen zu den maßgeschneiderten Sportangeboten

Maßgeschneiderte Sportangebote wurden im Projekt „Welcher Sport für wen?" entwickelt. Die nachfolgenden Ausführungen basieren daher auf den Erkenntnissen dieses Forschungsprojekts. Idealerweise wird für jeden einzelnen motivbasierten Sporttyp (vgl. Kapitel 4) ein Sportangebot konzipiert. In der Praxis ist dies aus verschiedenen Gründen jedoch nicht möglich (z.B. geringe Hallenkapazität, teilweise zu kleine Gruppengrößen). Auch im Projekt wurden nur fünf Sportangebote für die neun Sporttypen maßgeschneidert. Abbildung 5-2 zeigt die Zuteilung der Sporttypen zu den Sportangeboten *Zäme zwäg*[1], *SPORT Varia, Body & (E)Motion, Reload & Relax* sowie *Aktiv & Erholt*.

Aus Abbildung 5-2 geht hervor, dass an zwei Stellen weitere Merkmale herangezogen wurden, um die Sporttypen den Sportangeboten zuzuteilen. Erstens wurde den zweckfrei Sportbegeisterten abhängig vom Geschlecht ein Sportangebot empfohlen. Die männlichen Sportbegeisterten, welche in der Vergangenheit vermehrt Sportspiele betrieben hatten, wurden *SPORT Varia* zugeteilt, während die weiblichen Sportbegeisterten, welche in ihrer Vergangenheit vermehrt kompositorisch-gestalterische Sportaktivitäten ausgeübt hatten, *Body & (E)Motion* zugewiesen wurden. Zweitens wurde den Aktiv-Erholerinnen und -Erholern abhängig vom aktuellen Sportverhalten ein Sportangebot empfohlen. Die wenig sportlich aktiven Aktiv-Erholerinnen und -Erholer wurden *Aktiv & Erholt* zugeteilt, wohingegen den bereits sportlich aktiven Aktiv-Erholerinnen und -Erholer *SPORT Varia* als Ergänzung zu ihren meist umfangreichen Ausdaueraktivitäten angeboten wurde.

Die Entwicklung der Sportangebote erfolgte in zwei Schritten:

1. *Definition von Angebotszielen:* Für jedes Sportangebot wurden übergeordnete Ziele formuliert (vgl. Abbildung 5-3). Diese ergaben sich aus den Motivkonstellationen der einzelnen Sporttypen. Die sportbezogenen Motive sollten möglichst gut befriedigt bzw. die individuellen Ziele möglichst gut erreicht werden. Weiter wurden bei der Formulierung der Ziele die motorischen Fähigkeiten sowie der Gesundheitszustand der Sporttypen berücksichtigt. Für das Angebot *Reload & Relax* ergab sich z.B. das Ziel, die Erholung der Teilnehmenden zu fördern, indem sie sich von Alltagsproblemen ablenken und Stress reduzieren konnten. Weiter sollten die Fitness der Teilnehmenden gesteigert und gesundheitliche Risikofaktoren, wie etwa ein erhöhtes Körpergewicht oder Bluthochdruck, reduziert werden.
2. *Herleitung von konkreten Inhalten:* Basierend auf den Angebotszielen wurden konkrete Unterrichtsinhalte theoretisch abgeleitet. Es wurden die Aktivitätsarten definiert und deren Inszenierung bestimmt. Für *Reload & Relax* ergab sich z.B. die Kombination aus Fitnessaktivitäten und entspannungsorientierten Aktivitäten.

1 *Zäme zwäg* ist ein schweizerdeutscher Ausdruck, der mit „gemeinsam fit" übersetzt werden kann.

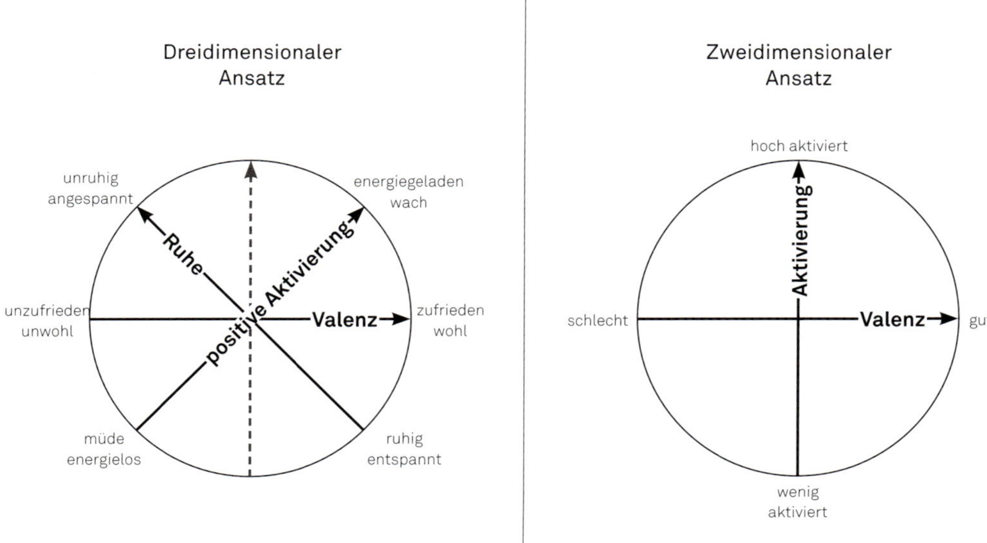

Abbildung 5-1: Zwei- und dreidimensionale Ansätze der Befindensmessung (in Anlehnung an Sudeck & Thiel, 2020)

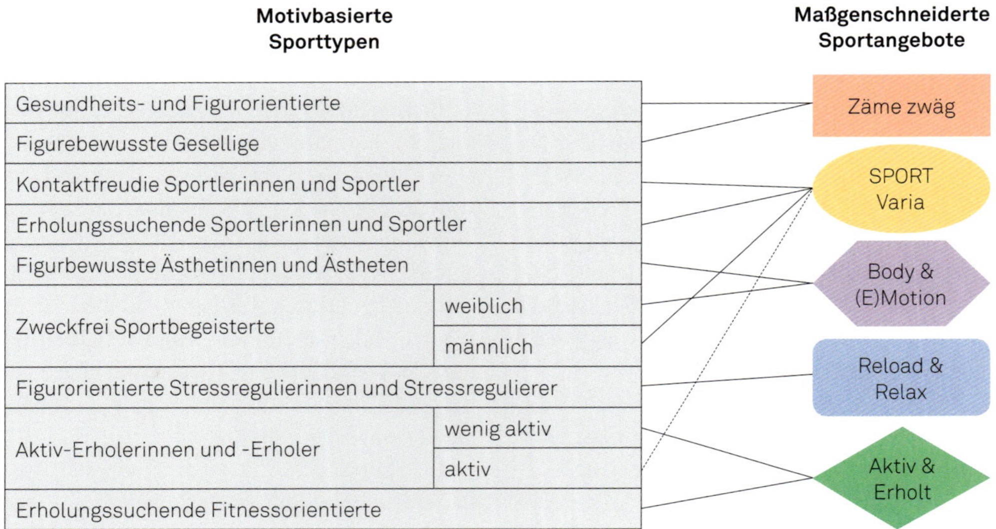

Abbildung 5-2: Sporttypen und dazugehörende Sportangebote

5.1.3 Inhalte der maßgeschneiderten Sportangebote

Abbildung 5-3 zeigt die übergeordneten Ziele und den idealtypischen Stundenaufbau der fünf Sportangebote.

Wie bereits erwähnt, waren die Lektionen im Sportangebot *Reload & Relax* zweigeteilt. In der Reload-Phase wurden vielfältige Fitnessaktivitäten wie z.B. Krafttraining-Zirkel und Bodyforming durchgeführt. Durch die körperliche Verausgabung sollten die Teilnehmenden

	Reload & Relax	Body & (E)Motion	SPORT Varia	Zäme zwäg	Aktiv & Erholt
Angebotsziele	• Steigerung körperlicher Fitness (Ausdauer, Kraft, Koordination) • Erholung fördern (Ablenkung/ Stressabbau) • Prävention gesundheitlicher Risikofaktoren	• Ästhetisches Erleben fördern • Prävention gesundheitlicher Risikofaktoren (v.a. Gewichtsregulation)	• Steigerung körperlicher Fitness (Ausdauer) • Erholung fördern (Ablenkung/ Stressabbau, Aktivierung/ Bewegungsfreude) • Wettkampfbedürfnisse befriedigen • Gruppenerlebnisse fördern	• Steigerung körperlicher Fitness (Ausdauer, Kraft, Beweglichkeit) • Prävention gesundheitlicher Risikofaktoren • Gruppenerlebnisse fördern	• Steigerung körperlicher Fitness (Ausdauer, Kraft) • Erholung fördern (Ablenkung/ Stressabbau, Aktivierung/ Bewegungsfreude)
Idealtypischer Stundenaufbau	Informationsvermittlung Reload-Phase mit Fitness-aktivitäten Relax-Phase mit entspannungs-orientierten Aktivitäten	Tänzerische Aktivitäten und „tänzerisches" Krafttraining	Sportspiele und z.T. Ausdauer-aktivitäten Gemeinschaft-licher Ausklang mit Stretching	Informationsvermittlung Laufspiel-formen Kleine Spiele Ganzheitliches Krafttraining Gemeinschaft-licher Ausklang	Wenn immer möglich im Freien Ausdauer-aktivitäten Fitness-aktivitäten (mehrheitlich in Einzelarbeit) Entspannungs-orientierter Ausklang

Abbildung 5-3: Ziele und idealtypischer Stundenaufbau der fünf maßgeschneiderten Sportangebote

„Dampf ablassen" und auf andere Gedanken kommen. In der Relax-Phase folgten verschiedene Entspannungstechniken (z. B. progressive Muskelrelaxation, autogenes Training). Diese ruhigeren Bewegungsformen dienten dazu, neue Energie zu tanken, um bei Trainingsende optimal erholt zu sein. Im Sportangebot wurde den Teilnehmenden zudem vermittelt, wie sich körperliche Aktivitäten auf das Körpergewicht und die Gesundheit auswirken.

In *Body & (E)Motion* wurden verschiedene tänzerische Aktivitäten durchgeführt (z. B. zeitgenössischer Tanz, Jazztanz). Dabei ging es jedoch weniger darum, mit den Teilnehmenden eine Choreografie einzustudieren. Vielmehr sollte ihr ästhetisches Bewegungserleben gefördert werden, indem sie ihre Aufmerksamkeit auf den Rhythmus der Musik oder die runde Bewegung lenken. Zudem wurde „tänzerisch-kompositorisches" Krafttraining gemacht (z. B. Pilates, Power Yoga).

SPORT Varia bestand aus kompetitiven und kooperativen Spielformen (z. B. Badminton, Streetball). Diese Aktivitäten ermöglichten den Teilnehmenden, sich mit anderen zu messen und gesellig miteinander zusammen zu sein. Durch die körperliche Verausgabung und die volle Konzentration aufs Spiel sollten sich die Teilnehmenden zudem von Alltagsproblemen ablenken und Stress abbauen. Auch die vereinzelt durchgeführten Ausdaueraktivitäten (z. B. Joggen, Hallen-Biathlon) zielten auf die Erholung. Das Angebot endete jeweils mit einem gemeinschaftlichen, ruhigen Ausklang (z. B. längere Dehnsequenz im Kreis).

Im Sportangebot *Zäme zwäg* wurden Ausdaueraktivitäten mit spielerischen Elementen durchgeführt (z. B. Walking, Memory-Lauf, Run and Bike). Weiter enthielt das Angebot kleine Spiele (z. B. Schnappball, Tupfball), welche keinerlei Sportspielerfahrungen oder Regelwissen voraussetzen. Das Sportangebot enthielt zudem ganzheitliches Krafttraining (z. B. Partner-Kraftübung mit eigenem Körpergewicht). Bei allen Aktivitäten stand das positive Gruppenerleben im Vordergrund. Zudem wurde auf eine niedrige Belastung geachtet (z. B. Spiele nur im schnellen Gehen durchführen), damit die Teilnehmenden sich nicht überlastet fühlen. Die Teilnehmenden wurden darüber informiert, wie sich die ausgewählten Kraft- und Ausdauerübungen auf das Körpergewicht und die Gesundheit auswirken. Das Angebot schloss mit einem gemeinschaftlichen Ausklang (z. B. kooperatives Spiel).

Im Sportangebot *Aktiv & Erholt* wurden Ausdauer- (z. B. Joggen, Biken) und Fitnessaktivitäten (z. B. Vita-Parcours, Krafttrainingszirkel) – mehrheitlich in Einzelarbeit – durchgeführt. Durch die körperliche Verausgabung sollte Stress abgebaut werden. Die Aktivitäten fanden wann immer möglich draußen statt, um die Erholung der Teilnehmenden weiter zu fördern.

5.1.4 Evaluation der Wirksamkeit der maßgeschneiderten Sportangebote

Im Projekt „Welcher Sport für wen?" wurde die Wirkung der maßgeschneiderten Angebote auf das Wohlbefinden während und nach der sportlichen Aktivität untersucht (Sudeck & Conzelmann, 2011). Dafür wurde ein Quasiexperiment (vgl. Exkurs „Quasiexperimentelle Untersuchung") mit 123 Universitätsangestellten durchgeführt (M_{Alter} = 50 Jahre, 60 % Frauen, 24 % sportlich inaktiv). Die Abbildung 5-4 veranschaulicht das Untersuchungsdesign.

Den Teilnehmenden wurde jeweils das Sportangebot empfohlen, welches für ihren motivbasierten Sporttyp maßgeschneidert wurde (vgl. Abbildung 5-2). Es stand ihnen jedoch frei, welches Sportangebot sie am Ende tatsächlich besuchen wollten. Damit ergaben sich zwei Personengruppen: die Interventionsgruppe, die am empfohlenen Sportangebot teilnahm (Gruppe „Maßgeschneidert"), und die Kontrollgruppe, die an einem anderen, nicht für sie empfohlenen Sportangebot teilnahm (Gruppe „Nicht maßgeschneidert"). Es gab zwei Interventionsphasen von jeweils 13 und 14 Wochen, in denen die fünf maßgeschneiderten Sportangebote stattfanden (vgl. Kapitel 5.1.2). In beiden Personengruppen wurden zu je drei Zeitpunkten ($t_{1.1}$–$t_{1.3}$; $t_{3.1}$–$t_{3.3}$) Daten zum aktuellen Wohlbefinden erhoben. Dabei mussten die Teilnehmenden unmittelbar vor (A), zwei Mal während (W1, W2) und am Ende (E) des Sportangebots kurze Fragebögen auf Handcomputern ausfüllen (vgl. Abbildung 5-5).

Exkurs: Quasiexperimentelle Untersuchung

In einer quasiexperimentellen Untersuchung wird, wie in einem Experiment, eine kausale Hypothese untersucht. Eine unabhängige Variable (z. B. ein Sportangebot) wird vom Untersuchungsleitenden aktiv variiert (Huber, 2019). Allerdings können beim Quasiexperiment nicht alle Störvariablen kontrolliert werden. Insbesondere fehlt die zufällige Zuteilung der Versuchspersonen zu den experimentellen Gruppen (Randomisierung; Huber, 2019). Die Versuchspersonen teilen sich selbst ein, z. B. indem sie ein maßgeschneidertes oder nicht maßgeschneidertes Sportangebot besuchen, werden vom Untersuchungsleitenden eingeteilt oder es werden bestehende Gruppen untersucht (Huber, 2019; Maciejewski, 2020). Daher können die Unterschiede in der abhängigen Variable (z. B. im Wohlbefinden) nicht ohne Weiteres auf die unabhängige Variable zurückgeführt werden, da auch unkontrollierte Merkmale, in welchen sich die Gruppen unterscheiden, einen Einfluss haben können.

Um die Wirksamkeit der maßgeschneiderten Sportangebote zu überprüfen, wurden die gesammelten Daten mit Varianzanalysen ausgewertet. Die deskriptiven Befunde sind in Abbildung 5-5 zu sehen. Es ist ersichtlich, dass sich die *Valenz* bei fast allen Sportangeboten in der Interventionsgruppe stärker verbesserte als in der Kontrollgruppe. Zur Veranschaulichung betrachten wir die Werte des Sportangebots *Aktiv & Erholt* genauer: Die Interventionsgruppe hatte zu Beginn des Sportangebots eine Valenz

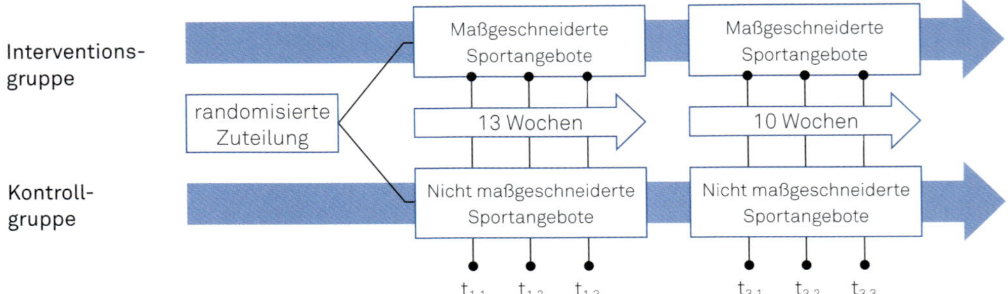

Abbildung 5-4: Untersuchungsdesign der Wirksamkeitsstudie von maßgeschneiderten Sportangeboten

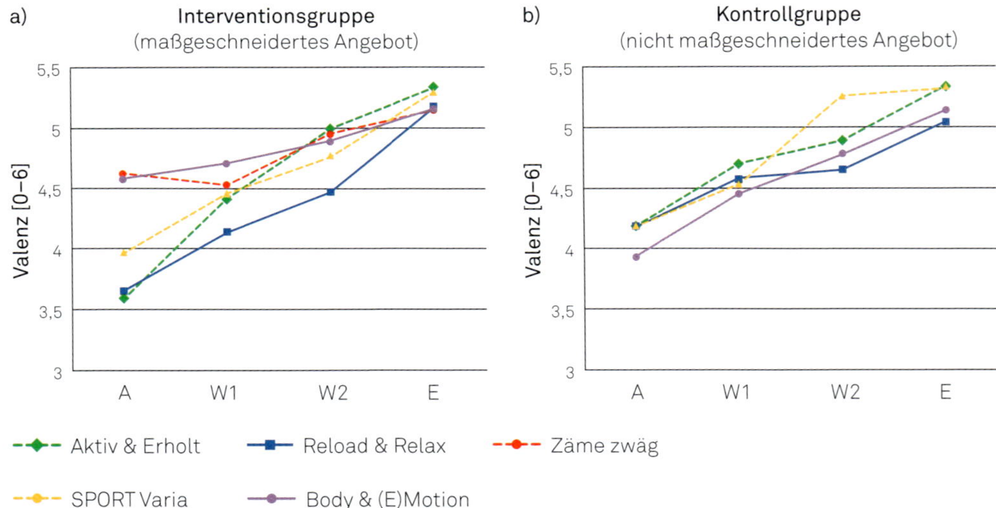

Abbildung 5-5: Veränderung der Valenz während der fünf maßgeschneiderten Sportangebote

Anmerkung: Beim Sportangebot Zäme zwäg wurde auf separate Analyse der Kontrollgruppe verzichtet, da hier nur drei Personen einbezogen werden konnten.

von 3,59 (A), welche dann während des Angebots auf 4,42 (W1) bzw. 4,98 (W2) stieg und am Ende einen Wert von 5,33 (E) annahm. Die Interventionsgruppe verbesserte ihre Valenz also um 1,74, während die Kontrollgruppe eine Zunahme von 1,16 aufwies. Dass sich die Interventionsgruppe nach dem Sport verglichen zu vorher wohler und zufriedener fühlte als die Kontrollgruppe, zeigte sich in allen Sportangeboten außer bei *Body & (E)Motion*. In letzterem Angebot war genau der gegenteilige Effekt ersichtlich: Die Kontrollgruppe verbesserte ihre Valenz stärker als die Interventionsgruppe. Dieser Befund lässt vermuten, dass die Konzeption des Angebots *Body & (E)Motion* unzureichend gut gelungen ist (Sudeck & Conzelmann, 2011).

Bei der Wohlbefindensdimension *positive Aktivierung* war wiederum ein Vorteil der Interventionsgruppe gegenüber der Kontrollgruppe sichtbar: Personen in einem maßgeschneiderten Sportangebot fühlten sich nach dem Sporttreiben verglichen zu vorher energiegeladener und wacher als Personen, die an einem nicht für sie maßgeschneiderten Sportangebot teilnahmen. Demgegenüber zeigte sich keine Wirkung der Maßschneiderung auf die Wohlbefindensdimension *Ruhe*. Insgesamt verdeutlichen die Befunde, dass die auf die Motive und Ziele ausgerichteten Sportangebote das Befinden mehrheitlich erhöhen konnten (Sudeck & Conzelmann, 2011).

5.2 Anpassung und/oder Erweiterung einer bestehenden Sportangebotspalette

5.2.1 Anwendungsbereich und Ziele

Eine zweite Variante, um Sportaktivitäten auf die individuellen Motive und Ziele von Personen abzustimmen, ist, eine bestehende Angebotspalette anzupassen und/oder zu erweitern. Hierbei werden die existierenden Sportangebote einer Institution aus einer motivationspsychologischen Perspektive analysiert: a) Welche sportbezogenen Motive und Ziele werden mit welchem Sportangebot angesprochen? Aufgrund dieser Erkenntnisse werden dann b) bestehende Angebote leicht angepasst und/oder c) neue Angebote ergänzt, damit die gesamte Angebotspalette besser auf die Motive und Ziele der Teilnehmenden abgestimmt ist. Nachfolgend illustrieren wir das Vorgehen anhand des fiktiven Fallbeispiels der Volkshochschule (VHS).

5.2.2 Das Fallbeispiel der Volkshochschule

Die Volkshochschule ist eine Weiterbildungsinstitution, die allen Erwachsenen offensteht. Im Bereich „Bewegung und Gesundheit“ ist das Kursangebot aufgrund des Ausscheidens von betagten Kursleitenden und deren Teilnehmenden eingebrochen. Der größte Teil der Stammkundschaft der Volkshochschule sind Frauen im höheren Erwachsenenalter (≥ 60 Jahre). Die Geschäftsleitung der Volkshochschule hat sich zum Ziel gesetzt, die Stammkundschaft zu verjüngen (≥ 35 Jahre). Zudem soll die Angebotspalette so weiterentwickelt werden, dass sie sowohl Frauen als auch Männer anspricht.

Tabelle 5-1 zeigt das aktuelle Kursangebot der Volkshochschule. Die Angebotsbeschreibungen geben einen ersten (groben) Hinweis, welche sportbezogenen Motive und Ziele in welchen Angeboten angesprochen werden. Durch zusätzliche Interviews mit den Leitenden und/oder durch den Besuch der bestehenden Sportangebote kann ein noch tieferer Einblick gewonnen werden. Insgesamt wird deutlich, dass die Angebotspalette mit Fitness/Gesundheit und Figur/Aussehen vor allem zweckzentrierte Motive und Ziele fokussiert. Diese Ausrichtung entspricht (mehrheitlich) der bestehenden Stammkundschaft der eher älteren Frauen.

Soll das Zielpublikum jedoch, wie oben beschrieben, erweitert werden, sind folgende Anpassungen zu empfehlen:

- Generell sollten Angebotsbezeichnungen mit distalen Personenmerkmalen wie Alter oder Geschlecht überdacht werden (vgl. Kapitel 2). Das Angebot „Fitness für Frauen 50+“ könnte darum umbenannt und grundsätzlich für alle Interessierten geöffnet werden. In den Angebotsbeschreibungen sollte deutlicher werden, welche Motive und Ziele vorrangig angesprochen werden: z. B. „Da diese Aktivität bei gutem Wetter draußen durchgeführt wird, können Sie Energie tanken und sich entspannen“ oder „Durch den erhöhten Energieumsatz hat dieses Sportangebot positive Auswirkungen auf Ihr Körpergewicht“ oder „Dieses spielorientierte Angebot ermöglicht es Ihnen, sich mit anderen zu messen“. Bei manchen Angebotsbeschreibungen kommt aktuell der Eindruck auf, dass „von allem ein wenig“ gemacht wird (z. B. „Fitness für Frauen 50+“). Darum bietet es sich an, die Inhalte der Angebote „zugespitzter“ auszuwählen und zu umschreiben.
- Momentan fehlt ein ausdauerorientiertes Angebot im Freien (à la *Aktiv & Erholt*; vgl. Kapitel 5.1.2) für Sporttypen wie die erholungssuchenden Fitnessorientierten oder

Tabelle 5-1: Kursangebot der Volkshochschule (beispielhaft)

Beschreibung Sportangebot	Angesprochene Motive und Ziele	Angesprochene Sporttypen
Step Aerobic Mit motivierender Musik werden aus vielfältigen Schrittkombinationen einfache Choreografien erstellt. Nebenbei, fast ohne es zu merken, werden Ausdauer und Koordination trainiert. Durch das Auf- und Absteigen werden Bein- und Gesäßmuskulatur zusätzlich gestärkt. Die Choreografien werden von Mal zu Mal wiederholt und weiter aufgebaut. Grundkenntnisse der Aerobic-Schritte sind von Vorteil.	• Fitness/Gesundheit • Figur/Aussehen • Ästhetik	• Gesundheits- und Figurorientierte • (Figurbewusste Ästhetinnen und Ästheten)
Fitness für Frauen 50+ Vielseitige Bewegungsformen zu Musik. Zirkeltraining, Stretching und Spiel steigern Ausdauer, Beweglichkeit, Kraft, Koordination und Reaktion. Die gezielte Kräftigung der Rumpfmuskulatur (Bauch, Rücken) beugt Rückenproblemen vor. Erleben Sie ein neues Körpergefühl! Geeignet für Frauen ab 50 Jahren.	• Fitness/Gesundheit • Figur/Aussehen • (Kontakt)	• Gesundheits- und Figurorientierte • (Figurbewusste Gesellige)
Yoga Tauchen Sie ein in die ganzheitlichen Übungen des Yoga. Im hektischen Berufsalltag bietet Yoga die ideale Auszeit. Nach kraftvollen Übungen, bewusster Atemführung und Tiefenentspannung kehren Sie mit klarem Geist in Ihren Berufsalltag zurück.	• Fitness/Gesundheit • Figur/Aussehen • Ablenkung/Stressabbau • Ästhetik	• Figurbewusste Ästhetinnen und Ästheten • (Figurorientierte Stressreguliererinnen und -regulierer)
Spiel und Fitness für alle Im ersten Teil wird Krafttraining in Form von Partnerübungen, einem Hindernislauf oder einem Kraftzirkel gemacht. Danach folgen unterschiedliche Plauschspiele, bei denen alle auf ihre Kosten kommen.	• Fitness/Gesundheit • Kontakt • Wettkampf/Leistung • Aktivierung/Bewegungs-freude • Ablenkung/Stressabbau	• Kontaktfreudige Sportlerinnen und Sportler • Zweckfrei Sportbegeisterte • Figurbewusste Gesellige
Pilates Die Pilates-Methode ist ein funktionelles Ganzkörpertraining, welches Kraft und Stabilität und Flexibilität gezielt fördert. Die Hauptarbeit bei allen Übungen findet in den tiefliegenden Muskelschichten im Rumpf statt. Das Zusammenspiel von Atmung und Bewegung sowie Kraft und Beweglichkeit führt zu einem verbesserten Bewegungs- und Körpergefühl.	• Fitness/Gesundheit • Figur/Aussehen • Ablenkung/Stressabbau • Ästhetik	• Figurbewusste Ästhetinnen und Ästheten • (Figurorientierte Stressreguliererinnen und -regulierer)

Aktiv-Erholerinnen und -Erholer. Auch ein tänzerisch-kompositorisches Angebot (à la *Body & (E)Motion*; vgl. Kapitel 5.1.2) für Sporttypen wie die „zweckfrei" Sportbegeisterten oder die figurbewussten Ästhetinnen und Ästheten ist aktuell noch nicht vertreten. Mit einem Angebot, das sich nicht auf eine einzelne Tanzart konzentriert, sondern in dem viele unterschiedliche Tänze kennengelernt werden, könnte sich die VHS von anderen Institutionen, wie z. B. Fitnessstudios, abheben.

- Die bestehenden Angebote überlappen sich aktuell inhaltlich zu stark. So ist zu überlegen, ob gewisse Angebote zusammengelegt oder inhaltlich angepasst werden können. Folgende Möglichkeiten bieten sich an: Erstens könnte die teilweise bestehende Sportartenorientierung aufgehoben und beispielsweise das Yoga- und Pilatesangebot unter der Kursbezeichnung „Aktive Entspannung" gebündelt werden. Denkbar wäre zudem, den zusammengelegten Kurs mit zusätzlichen erholungsförderlichen Aktivitäten wie etwa Tai-Chi zu erweitern. Zweitens könnte das Kursangebot „Step Aerobic" inhaltlich angepasst werden. In der aktuellen Form spricht es ähnliche Motive und Ziele an wie das klassische Fitness- und Gesundheitsangebot („Fitness für Frauen 50+"). Die Sportangebotspalette der Volkshochschule würde breiter werden, wenn der Kurs einen deutlicheren Schwerpunkt auf tänzerisch-kompositorische Aktivitäten legen und folglich die Ästhetik vorrangiger angesprochen würde.
- Damit die interessierte Neukundschaft eine Vorstellung davon hat, wie die körperliche Belastung in den einzelnen Kursen durchschnittlich ist, können den Angeboten Anforderungslevels (z. B. Level 1–3) zugewiesen werden. Bei Doppelführungen von Angeboten liegt es auf der Hand, Kurse mit unterschiedlichen Levels anzubieten, sodass Personen ihren Fähigkeiten und Vorerfahrungen entsprechend ein passendes Angebot finden.

Vorangehende Ausführungen zeigen, dass es für die VHS sinnvoll sein könnte, das Kursangebot „Step Aerobic" inhaltlich anzupassen. Abbildung 5-6 zeigt die Per-se-Anreize des Kursangebots. Wie könnte nun das ästhetische

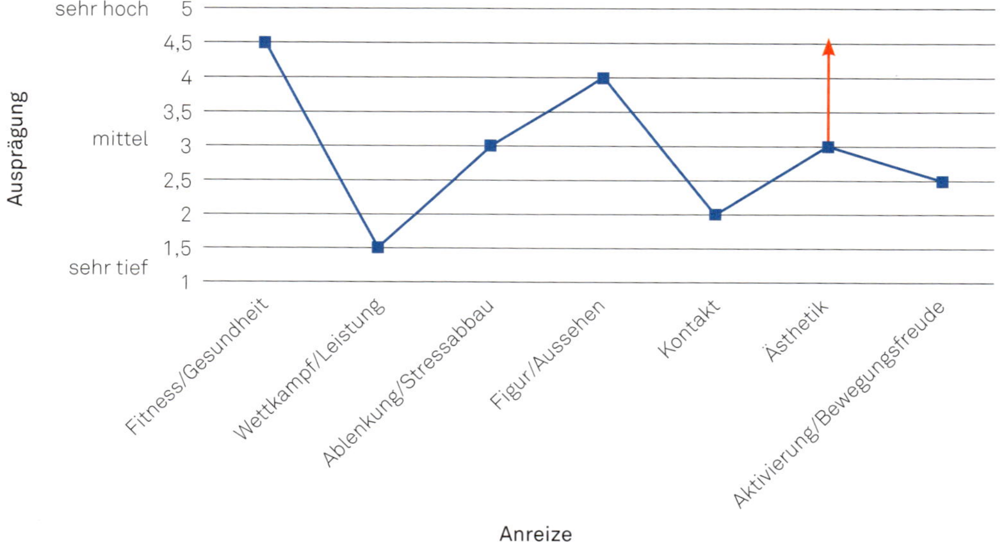

Abbildung 5-6: Per-se-Anreize des Sportangebots Step Aerobic

Bewegungserleben stärker gefördert werden? Eine Möglichkeit bestünde darin, „freiere" Bewegungsformen auszuwählen, die dem persönlichen Ausdruck mehr Raum geben. Zudem könnte die Kursleitung gezielt(er) mit Musik arbeiten und die Teilnehmenden motivieren, den Rhythmus aufzunehmen und zu spüren. Der Fokus sollte grundsätzlich weniger auf dem Einstudieren anspruchsvoller Choreografien liegen, sondern stärker auf der mehrfachen Ausführung einfacher Bewegungssequenzen. Es ist darauf zu achten, dass sich die Teilnehmenden weder über- noch unterfordert fühlen. Denn nur wer sich bei der Bewegung als kompetent wahrnimmt, kann die Ästhetik der Bewegung auch erleben.

Insgesamt verdeutlicht das Fallbeispiel der Volkshochschule, dass es sinnvoll ist, bestehende Kursangebote genauer unter die Lupe zu nehmen. Einerseits sollen Angebotsbezeichnungen präziser formuliert werden, damit klar wird, was einen erwartet, und inhaltlich zwischen den einzelnen Angeboten unterschieden werden kann. Andererseits können bereits mit kleinen Anpassungen in den Sportangeboten andere Motive angesprochen oder Motive noch stärker berücksichtigt werden. Solche Anpassungen machen es möglich, unterschiedliche Sporttypen zu erreichen.

5.3 Individuelle Sportberatung (COMET-Ansatz)

5.3.1 Anwendungsbereich und Ziele der Sportberatung

Bei der dritten Variante wird die Sportaktivität mithilfe einer individuellen Sportberatung auf die individuellen Motive und Ziele einer Person abgestimmt. Den Personen wird kein „fertiges", bestmögliches auf ihre Motive und Ziele maßgeschneidertes Angebot präsentiert, sondern sie werden dabei begleitet, eine für sie passende Sportaktivität zu finden und längerfristig in ihren Alltag einzubauen. Diese Variante bietet sich v. a. für größere Einrichtungen an, welche ihre bereits bestehenden, vielfältigen Sportangebote mit einer individuellen Beratung ergänzen möchten oder für Personal Coaches.

Konkret soll der COMET-Ansatz (*CO*unseling based on *M*otives and goals in *E*xercise and spor*T*) folgende drei psychologische Konstrukte ansprechen (Schmid, Schorno, Gut, Sudeck & Conzelmann, 2020):

- *Motivationale Kompetenz:* Personen mit einer hohen motivationalen Kompetenz können a) ihre eigenen sportbezogenen Motive und Ziele benennen, b) die Anreize von sportlichen Aktivitäten adäquat beurteilen und schließlich c) selbstbestimmt eine Sportaktivität wählen und ausführen, die ihren Motiven und Zielen entspricht (Rheinberg & Vollmeyer, 2012; Schorno, Sudeck, Gut, Conzelmann & Schmid, 2021).
- *Sportbezogene Selbstkonkordanz:* Personen mit einer hohen sportbezogenen Selbstkonkordanz möchten regelmäßig aktiv sein, weil es mit ihren persönlichen Werten und Interessen übereinstimmt und sie die Tätigkeit selbst als reizvoll empfinden (Seelig & Fuchs, 2006).
- *Bewegungsspezifische Selbstkontrolle:* Personen mit einer hohen Selbstkontrolle sind fähig, auf den Sport bezogene Ziele zu formulieren (z. B. „Am Dienstag gehe ich um 19:00 Uhr mit meiner Freundin im Wald laufen") und diese trotz widriger Umstände des Alltags (z. B. Arbeitsstress, schlechtes Wetter) in die Tat umzusetzen (Sudeck & Pfeifer, 2016).

Basierend auf theoretischen Überlegungen und empirischen Studien wird davon ausgegangen, dass eine erhöhte motivationale Kompetenz, Selbstkonkordanz und Selbstkontrolle zu regelmäßigerem Sportverhalten führt (Bélanger-Gravel, Godin & Amireault, 2013; Fuchs, Seelig, Göhner, Schlatterer & Ntoumanis, 2016; Rheinberg & Engeser, 2010).

5.3.2 Konzeptionelle Überlegungen zur individuellen Sportberatung

Für die Förderung der motivationalen Kompetenz ist es wichtig, dass die Beraterin oder der Berater nicht direktiv eine passende Sportaktivität für sein Gegenüber festlegt, sondern dass die Teilnehmerin oder der Teilnehmer aktiv in den Entscheidungsprozess einbezogen wird. Folglich bietet es sich an, mit der motivierenden Gesprächsführung zu arbeiten (Miller & Rollnick, 2015).

Die motivierende Gesprächsführung zeichnet sich durch ihre partnerschaftliche Vorgehensweise aus. Der oder die Einzelne wird als Expertin oder Experte für sich selbst betrachtet. Die Veränderungsmotivation soll vom Individuum kommen und nicht von außen aufgezwungen sein (Rubak, Sandbæk, Lauritzen & Christensen, 2005). Die motivierende Gesprächsführung besteht aus beziehungs- und inhaltsorientierten Techniken. Tabelle 5-2 verdeutlicht, welche Techniken im COMET-Ansatz eingesetzt werden. Die *beziehungsorientierten Techniken* ermutigen Menschen dazu, ihre Bedenken, Ideen und Wünsche zu entdecken und auszudrücken. Dadurch wird ihre Selbstwahrnehmung gestärkt und die selbstbestimmte Entscheidungsfindung erleichtert (Gillison, Rouse, Standage, Sebire & Ryan, 2019; Vansteenkiste & Sheldon, 2006). Bei den *inhaltsorientierten Techniken* geht es darum, Wissen und Fähigkeiten zur Verhaltensänderung zu vermitteln. Die inhaltsorientierten Techniken haben große Überschneidungen mit den weitverbreiteten Methoden der Verhaltensänderungen (sogenannte „behavior change techniques“: Michie et al., 2013).

5.3.3 Ablauf der individuellen Sportberatung

Die individuelle Sportberatung dauert in ihrer vollumfänglichen Form pro Person ca. 2,5 Stunden. Abbildung 5-7 zeigt die einzelnen Beratungsschritte, für die auch ein entsprechender Gesprächsleitfaden zur Verfügung steht (vgl. Anhang 4 und 5).

Tabelle 5-2: Überblick über die im COMET-Ansatz eingesetzten Techniken der motivierenden Gesprächsführung

Beziehungsorientierte Techniken		Inhaltsorientierte Techniken	
Bezeichnung	**Erläuterung**	**Bezeichnung**	**Erläuterung**
Offene Fragen stellen	Die Beraterin oder der Berater stellt Fragen, die nicht mit eingegrenzten Antworten (z. B. ja, nein) erwidert werden können, sondern zu inhaltlich ausgeweiteten Antworten anregen.	Handlungsplan erstellen	Gemeinsam wird festgelegt, welche Aktivitäten wo, wann und mit wem durchgeführt werden.
Reflektierende Aussagen machen	Die Beraterin oder der Berater hört aktiv zu, gibt also die Äußerungen des Gegenübers in eigenen Worten wieder.	Bewältigungsplan erstellen	Die Teilnehmerin oder der Teilnehmer identifiziert mögliche Hindernisse bei der Umsetzung der Sportaktivität im Alltag und legt Strategien zu deren Überwindung fest.
Zusammenfassende Aussagen machen	Die Beraterin oder der Berater fasst das Gesagte zusammen und offeriert dem Gegenüber so eine „take home message“.		

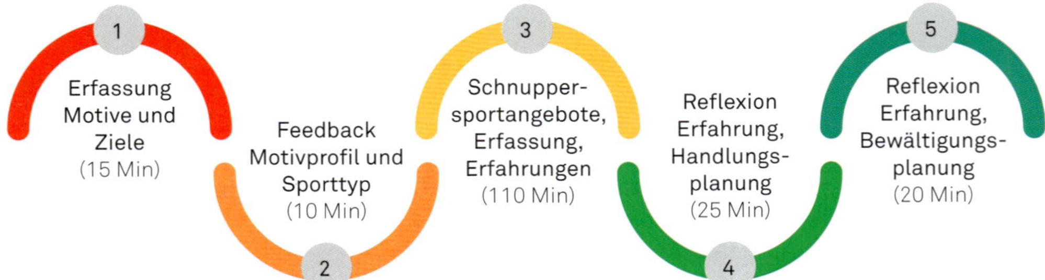

Abbildung 5-7: Überblick über den Ablauf der individuellen Sportberatung COMET

1. Zunächst werden relevante Personeninformationen gesammelt. Die sportbezogenen Motive und Ziele der Teilnehmenden werden mit dem BMZI standardisiert erhoben (Lehnert et al., 2011; Schmid et al., 2018; vgl. Kapitel 3.2.4). Für jede Person wird ein individuelles Motiv- und Zielprofil erstellt und der motivbasierte Sporttyp ermittelt (Sudeck et al., 2011). Weiter wird das aktuelle Sportverhalten erfasst (Fuchs, Klaperski, Gerber & Seelig, 2015), um einen Eindruck zu bekommen, wie aktiv die Person bereits ist und welche Sportaktivitäten sie in den letzten vier Wochen durchgeführt hat.
2. Daran anschließend lernen die Teilnehmenden ihre persönliche Beraterin oder ihren persönlichen Berater kennen. Das Sportverhalten im Lebenslauf wird erfragt, um beispielsweise abschätzen zu können, welches Regelwissen und welche Fertigkeiten vorliegen oder in welchen Organisationskontexten (z.B. Fitnessklub, Verein) das Gegenüber bisher aktiv war. Weiter wird das individuelle Motiv- und Zielprofil der Person sowie der zugeteilte motivbasierte Sporttyp rückgemeldet und erklärt (vgl. Kapitel 4, Abbildung 4-4). Um die Selbstwahrnehmung für die eigenen Präferenzen zu fördern, fragt die Beraterin oder der Berater das Gegenüber mit einer offenen Frage nach Gedanken zu seinem Motiv- und Zielprofil („Inwieweit deckt sich das Profil mit Ihrem persönlichen Eindruck?"). Zudem macht die Beraterin oder der Berater reflektierende Aussagen, indem sie oder er die Kommentare des Gegenübers in eigenen Worten wiederholt (Miller & Rollnick, 2015).
3. Direkt im Anschluss an dieses persönliche Gespräch besuchen die Teilnehmenden drei Schnuppersportangebote à je 30 Minuten (vgl. Tabelle 5-3). Alle drei Angebote sind ähnlich strukturiert, mit einem Aufwärmen, Hauptteil und Cool-down. Jedoch beinhalten sie unterschiedliche Anreize und sprechen dadurch verschiedene Motive und Ziele an. Die Angebote werden bewusst neutral mit A, B und C benannt, um keine Assoziationen zu wecken, die das Erleben beeinflussen könnten. Angebot A ist funktional ausgerichtet und zielt mit Kardio- und Kraftübungen primär darauf ab, die Figur, Fitness und Gesundheit zu optimieren. Angebot B ist spielerisch gestaltet, setzt aber keinerlei Spielsporterfahrungen oder Regelwissen voraus. Mit kooperativen und kompetitiven Aktivitäten wird der Kontakt zwischen den Teilnehmenden gefördert und Wettkampferleben ermöglicht. Angebot C ist eher ruhig. Es enthält kompositorisch-gestalterische Aktivitäten und Tai-Chi-Übungen. Der Fokus liegt jedoch nicht auf dem Einstudieren einer Choreografie. Vielmehr lenkt die Leiterin oder der Leiter die Aufmerksamkeit auf die fließenden Bewegungen zur Musik, sodass die Teilnehmenden ästhetische Bewegungen erleben und sich vom Alltagsstress ablenken können. Vor, während und nach jedem Schnuppersportangebot werden Kurzbefragungen an Smartphones durchgeführt. Die Teilneh-

Tabelle 5-3: Überblick über die Inhalte der drei Schnuppersportangebote

	Fokussierte Anreize	Inhalt
A	Figur/Aussehen, Fitness, Gesundheit	Funktionales Aufwärmen (z.B. Kniebeugen), freies Laufen in der Halle mit Kardioübungen dazwischen, Kraftübungen frontal angeleitet, Dehnen
B	Kontakt, Wettkampf/ Leistung	Spielerisches Aufwärmen, Reifenball, spielerische Stafette (z.B. Reifentransport in Gruppe), gemeinschaftlicher Ausklang mit Gruppenaufgabe
C	Ästhetik, Ablenkung/ Stressabbau	Mobilisation im Kreis, tänzerische Elemente, Tai-Chi-Übungen, Körperwahrnehmungsübung im Stehen

menden geben Auskunft über ihr aktuelles Wohlbefinden (Valenz gemessen anhand der Feeling-Scale; Hardy & Rejeski, 1989; Aktivierung gemessen anhand der Felt Arousal-Scale; Svebak & Murgatroyd, 1985; Maibach, Niedermeier, Sudeck & Kopp, 2020) und ihre Sportfreude (Stanley, Williams & Cumming, 2009). Weiter geben die Personen an, welche Erfahrungen sie bei der Aktivität gemacht bzw. welche Anreize sie wahrgenommen haben. Abbildung 5-8 gibt einen Eindruck einer solchen Smartphone-Befragung. Die kompletten Fragebögen finden sich im Anhang 6.

4. Direkt nach den Schnuppersportangeboten kommen die Teilnehmenden wieder zur persönlichen Beraterin oder zum persönlichen Berater zurück. Sie werden aufgefordert, die Erfahrungen bzw. Anreize der erlebten Schnuppersportangebote zu reflektieren. Die Teilnehmenden sollen das für sie ansprechendste und am wenigsten ansprechendste Schnuppersportangebot nennen. Mit einer offenen Frage werden sie ermutigt, Gründe für ihre Meinung zu nennen („Sie haben heute drei verschiedene Angebote erlebt, die bewusst unterschiedlich gestaltet waren. Welches Schnuppersportangebot hat Ihnen besonders gut gefallen? Welche Merkmale des Angebots waren entscheidend, dass es Ihnen gefallen hat?"). Auch an dieser Stelle macht die Beraterin oder der Berater reflektierende Aussagen, indem sie oder er die Aussagen des Gegenübers in eigenen Worten wiederholt. Daran anschließend werden die gesammelten Daten aus den Schnuppersportangeboten rückgemeldet und erklärt (vgl. das Beispiel in Abbildung 5-9), wobei der Schwerpunkt auf dem bevorzugten Angebot liegt. Gemeinsam wird besprochen, inwieweit die wahrgenommenen Anreize dem individuellen Motiv- und Zielprofil der Teilnehmenden entsprechen und wie dies das aktuelle Wohlbefinden und die Sportfreude beeinflusst hat. Auf Grundlage dieser Diskussion leitet die Beraterin oder der Berater gemeinsam mit dem Gegenüber potenziell passende Sportaktivitäten ab. Die anschließende Empfehlung orientiert sich auch an den Erkenntnissen des Forschungsprojekts „Welcher Sport für wen?", in welchem für alle motivbasierten Sporttypen spezifische Bewegungs- und Sportaktivitäten definiert wurden (vgl. Kapitel 5.1). Eine Übersicht über die Empfehlungen findet sich in Anhang 7.

In der gleichen Gesprächssituation entwickeln die Teilnehmenden gemeinsam mit dem Berater oder der Beraterin einen Handlungsplan. Sie wählen eine Sportaktivität aus, welche sie zukünftig ausführen möchten, und legen fest, wann, wo und mit wem die Aktivität umgesetzt werden soll (vgl. Abbildung 5-10). Während des gesamten Gesprächs betont die Beraterin oder der Berater die Autonomie des Gegenübers, indem sie oder er dessen freie Wahl bei der Sport-

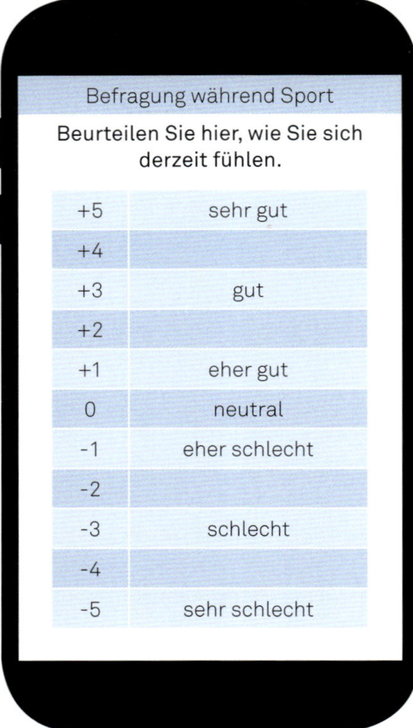

Befragung nach Sport				
Welche Erfahrungen haben Sie bei der Sportaktivität gemacht?				
trifft nicht zu				trifft sehr zu
Ich konnte neue Energie tanken.				
1	2	3	4	5
Ich habe schöne Bewegungen erlebt.				
1	2	3	4	5
Ich konnte Menschen kennen lernen.				
1	2	3	4	5
Ich konnte etwas für meine Figur tun.				
1	2	3	4	5
Ich konnte mich beim Sporttreiben mit anderen messen				
1	2	3	4	5

Abbildung 5-8: Exemplarische Smartphone-Befragung des aktuellen Befindens (Valenz links; Hardy & Rejeski, 1989; Maibach, Niedermeier, Sudeck & Kopp, 2020) und der Sporterfahrungen bzw. der wahrgenommenen Anreize der Schnuppersportangebote (rechts)

aktivität anerkennt. Das Beratungsgespräch schließt mit einer zusammenfassenden Aussage der Beraterin oder des Beraters (Miller & Rollnick, 2015).

5. Vier Wochen nach dem Beratungsevent erhalten die Teilnehmenden einen „Interventions-Booster" in Form eines Telefongesprächs. Mit einer offenen Frage werden sie angeregt, über die Umsetzung des Handlungsplans im Alltag nachzudenken („Erzählen Sie mal: Wie ist es Ihnen mit der geplanten Aktivität ergangen?"). Je nach Antworten wird der Handlungsplan gemeinsam angepasst (z. B. Aktivitätsart wechseln, Aktivitätskontext ändern). Darüber hinaus leitet die Beraterin oder der Berater zur Bewältigungsplanung an, bei der mögliche Aktivitätshindernisse identifiziert und Strategien zu deren Überwindung abgeleitet werden. Während des gesamten Gesprächs macht die Beraterin oder der Berater reflektierende Aussagen und schließt mit einer zusammenfassenden Aussage ab (Miller & Rollnick, 2015).

5.3.4 Evaluation der Implementierung und Wirksamkeit der Sportberatung

Mit einer ersten Studie wurde die Implementierung des COMET-Ansatzes überprüft (Schmid, Schorno et al., 2020). Dabei ging es um die Frage, inwieweit der Beratungsansatz in die Praxis umgesetzt werden kann. Zwei spezifische Aspekte der Implementierung wurden genauer unter die Lupe genommen: die Akzeptanz der individuellen Sportberatung bei den Teilnehmenden und die Wiedergabetreue des Gesprächsleitfadens bei den Beratenden (die sogenannte „implementation fidelity"; Peters,

Befinden | **Sporterfahrungen**

Sportangebot A

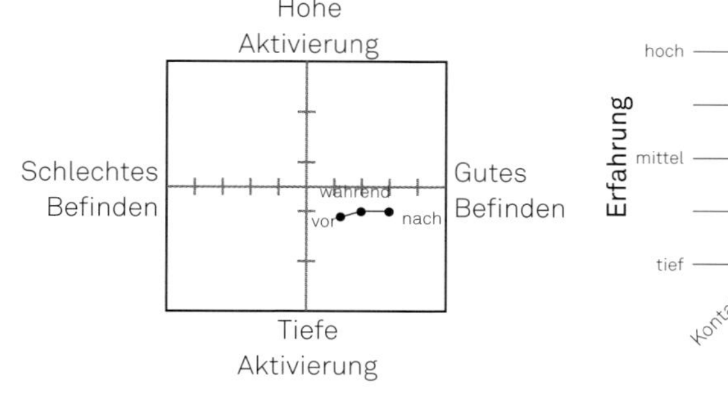

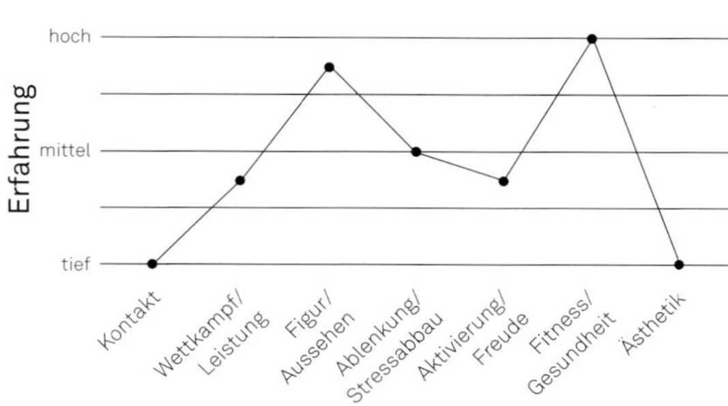

Sportfreude: 66

Kompetenzerleben: 5

Beanspruchung: 5

Sportangebot B

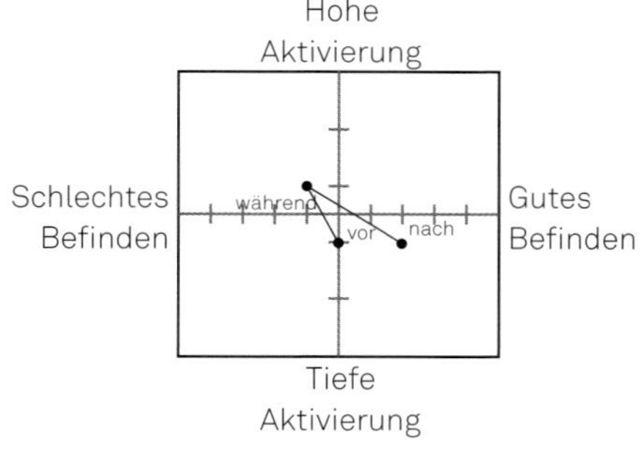

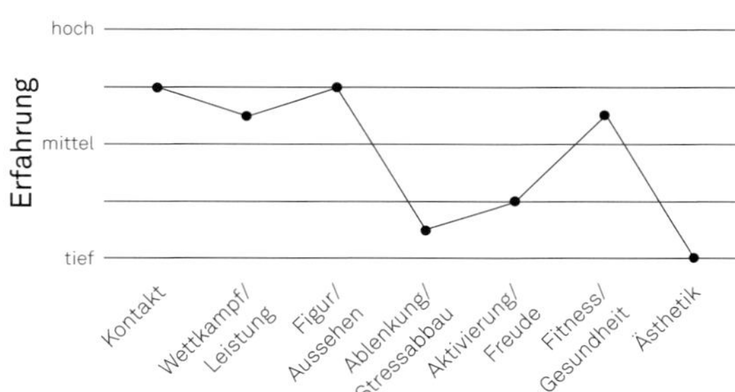

Sportfreude: 41

Kompetenzerleben: 5

Beanspruchung: 4.5

Sportangebot C

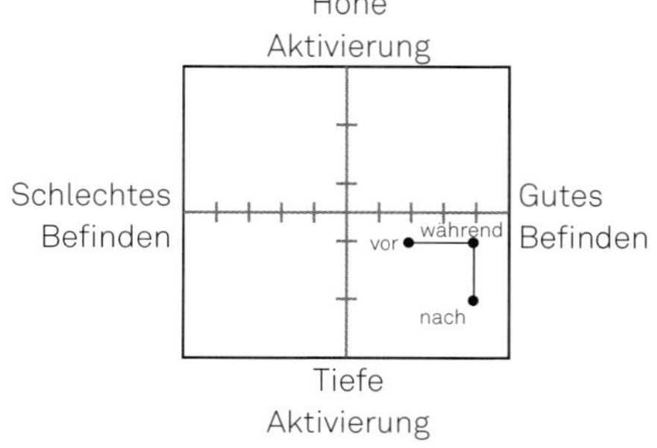

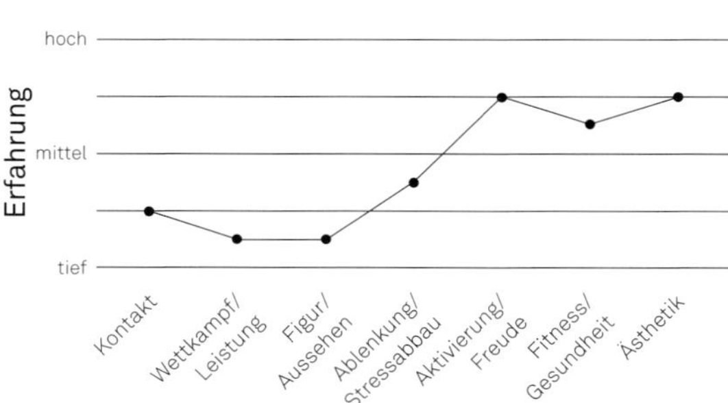

Sportfreude: 80

Kompetenzerleben: 6

Beanspruchung: 1.75

Abbildung 5-9: Exemplarische Rückmeldung des ermittelten Wohlbefindens sowie der Sporterfahrungen bzw. der wahrgenommenen Anreize der Schnuppersportangebote A–C

Gemeinsam erarbeiteter Handlungsplan:

Folgende **Sportaktivität(en)** soll(en) zukünftig ausprobiert/ durchgeführt werden:	

Welcher Plan wurde mit der teilnehmenden Person erarbeitet? Bitte kreuze an, ob die a) Informationsbeschaffung oder die b) Sportaktivität geplant wurde. Beantworte die Fragen möglichst konkret.

☐a Plan für Informationsbeschaffung	☐b Plan für Sportaktivität
Was für Informationen werden benötigt, um die Aktivität auszuprobieren/durchzuführen (z. B. passender Sportanbieter für Pilates)?	**Was** für eine Aktivität wird durchgeführt? [kann leer gelassen werden, weil Angabe im oberen Kästchen]
Wo/wie werden Informationen beschafft (z. B. Internetsuche, Telefonat auf Sportamt)?	**Wo** wird Aktivität durchgeführt?
Wann soll gesucht werden?	**Wann** wird Aktivität durchgeführt?

Abbildung 5-10: Arbeitsblatt für die gemeinsame Erarbeitung des Handlungsplans

Adam, Alonge, Agyepong & Tran, 2014). Um diese beiden Aspekte zu untersuchen, wurden 37 Teilnehmende (M_{Alter} = 40 Jahre, 70 % Frauen, 32 % < 75 min Sport/Woche) direkt nach der Beratung schriftlich befragt. Mit sieben von ihnen (M_{Alter} = 35 Jahre, 71 % Frauen, 86 % < 75 min Sport/Woche) wurde zusätzlich ein Interview durchgeführt. Darüber hinaus füllten 16 Beratende (M_{Alter} = 26 Jahre, 56 % Frauen) nach jeder Beratungssession einen schriftlichen Fragebogen aus.

Die Befunde der Studie verdeutlichen, dass die Beratung von den Teilnehmenden sehr gut akzeptiert wurde. 69 % der Personen waren sehr zufrieden und 28 % zufrieden mit der Sportberatung. Die Interviews zeigten, dass insbesondere das Erleben von strukturierten, vielfältigen Schnuppersportangeboten in Kombination mit der angeleiteten Reflexion über die gemachten Erlebnisse als hilfreich wahrgenommen wurde. Abbildung 5-11 verdeutlicht diesen zentralen Befund anhand zweier exemplarischer Zitate. Laut dieser Aussagen reicht es für den Aufbau der motivationalen Kompetenz also nicht aus, „einfach nur" unterschiedliche Sportaktivitäten auszuprobieren. Vielmehr ist es wichtig, über die Aktivitäten und deren Wirkung nachzudenken, weil dadurch eher verstanden wird, was einem entspricht (Schmid, Schorno et al., 2020).

Die Ergebnisse der Befragung der Beratenden zeigten, dass der Gesprächsleitfaden gut bis sehr gut umgesetzt werden konnte, was für die Wiedergabetreue des Leitfadens spricht. Insgesamt konnte aufgezeigt werden, dass der COMET-Ansatz in einem nicht klinischen Setting erfolgreich implementiert werden kann (Schmid, Schorno et al., 2020).

Mit einer zweiten Untersuchung wurde überprüft, ob mit der Beratung auch tatsächlich die anvisierten Ziele (vgl. Kapitel 5.3.1) erreicht werden. Es wurde eine randomisiert-kontrollierte Studie mit insgesamt 129 Personen durchgeführt (M_{Alter} = 42 Jahre, 63 % Frauen, 60 % sportlich inaktiv; Schorno, Gut, Conzelmann & Schmid, 2022). Abbildung 5-12 veranschaulicht das Untersuchungsdesign.

Die Interventionsgruppe erlebte an einem eintägigen Event die Beratungsschritte 1–4 (vgl. Abbildung 5-7). Zeitgleich bekam die Kontrollgruppe minimale, nicht individualisierte Informationen zu sportbezogenen Motiven und Zielen sowie eine knappe Anleitung zur Handlungsplanung per Mail zugeschickt. Vier Wochen später erhielt die Interventionsgruppe einen „Interventions-Booster" mit dem Beratungsschritt 5, während die Kontrollgruppe einen organisatorischen Telefonanruf entgegennahm. In beiden Personengruppen

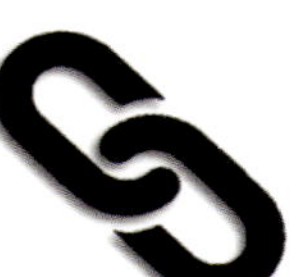

Abbildung 5-11: Beispielhafte Aussagen aus den Interviews mit Teilnehmenden der individuellen Sportberatung COMET (in Anlehnung an Schmid, Schorno et al., 2020)

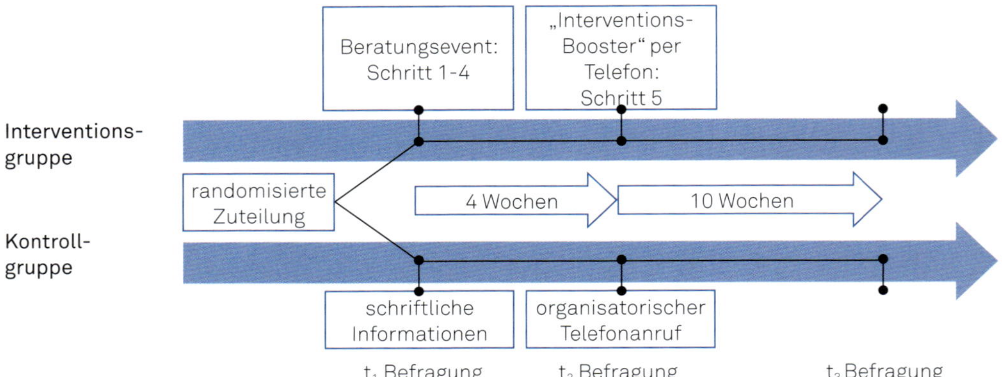

Abbildung 5-12: Design der Wirksamkeitsstudie der individuellen Sportberatung COMET (in Anlehnung an Schmid, Schorno et al., 2022)

wurden zu drei Zeitpunkten (t_1–t_3) Daten zur motivationalen Kompetenz, Selbstkonkordanz, Selbstkontrolle und zum Sportverhalten mittels Selbstbericht erhoben.

Um die Wirksamkeit der individuellen Sportberatung zu überprüfen, wurden die gesammelten Daten mit Varianzanalysen ausgewertet. Die deskriptiven Befunde sind in Abbildung 5-13 zu sehen. Es ist ersichtlich, dass die motivationale Kompetenz der Interventionsgruppe über die drei Messzeitpunkte gesteigert werden konnte, jene der Kontrollgruppe hingegen relativ stabil blieb. Das heißt, dass sich die Teilnehmenden der Sportberatung befähigt fühlten, ihre Motive und Ziele zu benennen, die Anreize unterschiedlicher Sportaktivitäten zu beurteilen und darauf aufbauend eine Aktivität zu wählen, die ihnen entsprach. Kein Effekt der Beratung zeigte sich hingegen bei der sportbezogenen Selbstkonkordanz. Vermutlich war die Beratung zu wenig intensiv (d. h. zu wenig Kontakte mit der Beraterin bzw. dem Berater), um eine Veränderung dieses zeitlich eher stabilen Merkmals zu ermöglichen (Wasserkampf & Kleinert, 2016). Demgegenüber konnte die Selbstkontrolle der Interventionsgruppe durch die Beratung verbessert werden, während jene der Kontrollgruppe von t_1 zu t_3 mehr oder weniger unverändert blieb. Dieser Befund spricht dafür, dass die Teilnehmenden der individuellen Sportberatung ihre Aktivitäten eher planen und dann in die Tat umsetzen konnten. Schließlich zeigten die Studienergebnisse, dass die Teilnehmenden in der Interventionsgruppe dank der Beratung ihr Sportverhalten im Gegensatz zur Kontrollgruppe stark gesteigert hatten. Sie hatten ihr wöchentliches Sportvolumen nicht nur nach dem Beratungsevent erhöht (t_1: 29 min Sport/Woche; t_2: 61 min Sport/Woche), sondern auch nach dem Interventions-Booster (t_3: 120 min Sport/Woche).

5.3.5 Mögliche Variationen des Ablaufs der Sportberatung

In der Praxis ist es nicht immer möglich, den COMET-Ansatz vollumfänglich umzusetzen. Zum einen kann der vorgeschlagene Ablauf für gewisse Kontexte zu zeitintensiv sein, zum anderen sind nicht immer die technischen Ressourcen vorhanden, um Smartphone-Befragungen während der Schnuppersportangebote durchzuführen. Folgende Anpassungen bieten sich daher an:

- *„Auslagerung“ der Schnuppersportangebote:* Da es vor allem die Schnuppersportangebote sind, die im Beratungsprozess relativ viel Zeit in Anspruch nehmen, können diese zeitlich vorgelagert und in bestehende Strukturen integriert werden. Findet die Beratung im klinischen Kontext statt, kann darauf geachtet werden, dass die Patientinnen und Patienten

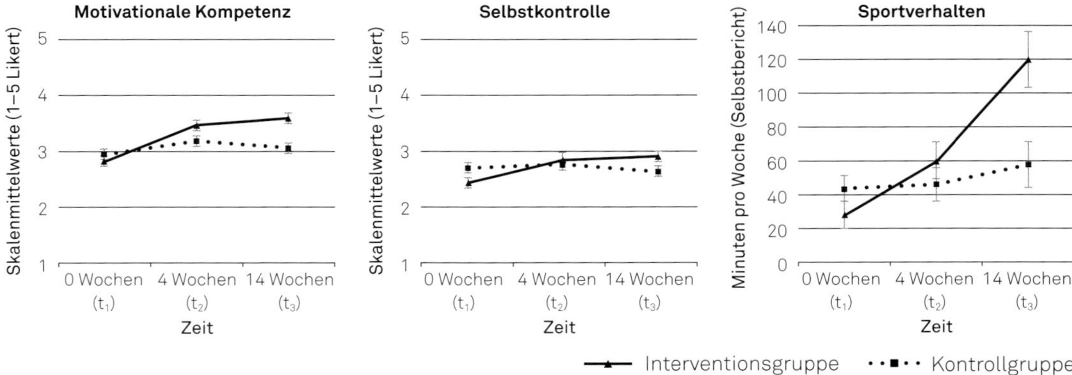

Abbildung 5-13: Ergebnisse der Wirksamkeit der individuellen Sportberatung (in Anlehnung an Schorno, Gut, Conzelmann & Schmid, 2022)

während des medizinischen Rehabilitationsprogramms unterschiedliche Sportaktivitäten kennenlernen. In der anschließenden Sportberatung können dann diese Erfahrungen thematisiert und reflektiert werden. Diese Variante wurde bereits in einem Rehabilitationsprogramm für Personen mit Adipositas getestet und hat sich bewährt (Schmid et al., 2023). Für diese Variante steht ein angepasster Gesprächsleitfaden zur Verfügung (vgl. Anhang 6). Wird die Beratung hingegen in einem nicht klinischen Kontext durchgeführt, können die Teilnehmenden im Vorfeld der Beratung aufgefordert werden, selbstständig unterschiedliche Sportaktivitäten z. B. bei verschiedenen Anbietern oder entsprechend einer Vorschlagsliste für selbstorganisierte Aktivitäten auszuprobieren. Auch bei dieser Variante werden die gemachten Erfahrungen in der anschließenden Sportberatung besprochen. Bei beiden Varianten sollte darauf geachtet werden, dass die durchgeführten Sportaktivitäten inhaltlich vielfältig sind. Die in Tabelle 5-3 aufgeführten Inhalte dienen bei der Wahl der Aktivitäten als grobe Orientierung.

- *Durchführung von Befragungen auf Papier:* Sind Smartphone-Befragungen während und nach den Sportaktivitäten zu umständlich, können das Befinden, die Sportfreude und das Erleben in einer vereinfachten Form auch auf Papier erfragt werden. Die gewonnenen Daten müssen nicht zwingend systematisch ausgewertet werden und wie dargestellt (vgl. Kapitel 5.3.3, 4. Beratungsschritt) ins Beratungsgespräch und die Empfehlung einfließen. Bei dieser Variante hat die Befragung primär das Ziel, dass sich die Teilnehmenden bereits direkt nach der Aktivitätsausführung erste Gedanken darüber machen, wie sie die unterschiedlichen Sportaktivitäten empfunden haben. Dies kann die (womöglich zeitlich verzögerte) Reflexion gemeinsam mit der Beraterin bzw. dem Berater erleichtern.

6 Rückblick und Konsequenzen für den Freizeit- und Gesundheitssport

Der Ausgangspunkt dieses Buches war die Beobachtung, dass sich Menschen trotz der Kenntnis über die vielfältigen Gesundheitswirkungen des Sports häufig schwertun, mit Sporttreiben zu beginnen und dabei zu bleiben. Möchte man das regelmäßige Sporttreiben fördern, ist zu beachten, dass sowohl wir Menschen als auch der Sport sehr vielfältig sind. Ziel sollte demzufolge sein, eine möglichste gute *Person-Sport-Passung* herzustellen.

Nachdem wir einen Überblick gegeben haben, welche Merkmale für eine Passung relevant sind, haben wir aufgezeigt, dass den sportbezogenen Motiven und Zielen einer Person und den Anreizen einer Sportaktivität besonderes Augenmerk gilt (vgl. Kapitel 2). Auf dem Weg zur Herstellung einer Passung sind die drei grundlegenden Schritte *Diagnostik*, *Segmentierung* und *Maßschneiderung* zu vollziehen. Für die Diagnostik liegt mit dem BMZI ein Fragebogen vor, mit dem die ganze Breite an möglichen Motiven und Zielen im Sport vom Jugend- bis ins höhere Erwachsenenalter erfasst werden kann (vgl. Kapitel 3). Für die Segmentierung haben wir Personen anhand ihrer Motiv- und Zielprofile gruppiert und motivbasierte Sporttypen identifiziert. Dieses Vorgehen erlaubt uns, Gruppen spezifisch anzusprechen und damit die Heterogenität in den individuellen Beweggründen des Sporttreibens angemessen zu berücksichtigen (vgl. Kapitel 4). Bei der Maßschneiderung haben wir drei Varianten aufgezeigt, um Sportaktivitäten auf die Motive und Ziele von Personen abzustimmen. Bei der ersten Variante werden passgenaue Sportangebote für die motivbasierten Sporttypen entwickelt. Wir haben Belege präsentiert, dass Erwachsene sich in einem für sie maßgeschneiderten Sportangebot nach dem Sport wohler fühlen als Erwachsene in einem nicht für sie maßgeschneiderten Angebot. Bei der zweiten, etwas ressourcenschonenderen Variante wird eine bestehende Angebotspalette nach einer eingehenden Anreiz- bzw. Motivanalyse angepasst und/oder erweitert. Wie dies genau ausschauen könnte, haben wir mithilfe eines Fallbeispiels verdeutlicht. Bei der dritten und letzten Variante wird eine individuelle Sportberatung durchführt. Dabei werden Individuen begleitet, eine für sie passende Sportaktivität zu finden und längerfristig in ihren Alltag einzubauen. Wir haben aufgezeigt, dass sich Personen durch diese Form von Beratung nicht nur kompetenter fühlen, sondern sie auch tatsächlich sportlich aktiver werden (Kapitel 5).

6.1 Zukünftige Anwendungsmöglichkeiten der Person-Sport-Passung im Freizeit- und Gesundheitssport

Unser Ansatz der Person-Sport-Passung zeichnet sich dadurch aus, dass wir die Motive und Ziele der Person sowie die Anreize einer sportlichen Aktivität fokussieren. Dadurch sollen Wohlbefindenseffekte gesteigert und die längerfristige Verhaltensänderung unterstützt werden. Mit diesem Fokus heben wir uns von der bisherigen Praxis ab, die schwerpunktmäßig die körperlich-motorischen Handlungsvoraussetzungen der Person und die Anforderungen der sportlichen Aktivität in den Blick nimmt. Beispielsweise wird im Freizeit- und Gesundheitssport bislang v.a. darauf geachtet, dass Individuen eine ihrem Fitnessstand angemessene Trainingsintensität wählen und damit einhergehend Leistungs- und Gesundheitseffekte optimiert werden.

Inwieweit in der Praxis nun eine stärkere Berücksichtigung der individuellen Motive und Ziele möglich ist, hängt (auch) vom spezifischen Setting und der Zielgruppe ab. Grundsätzlich lässt sich unser Passungsansatz in Institutionen mit großer inhaltlicher Gestaltungsfreiheit und mit Personen mit geringen medizinischen Einschränkungen sicherlich einfacher und vollumfänglicher umsetzen. Gerade in klinischen Settings, etwa in den Phasen eins und zwei der medizinischen Rehabilitation, werden körperlich-motorische Handlungsvoraussetzungen einer Person bei der Gestaltung der Bewegungstherapie wohl immer etwas mehr gewichtet werden als ihre psychologischen Handlungsvoraussetzungen. In diesem Kontext ist unser Ansatz weniger als Ersatz, sondern vielmehr als eine wertvolle Ergänzung zu sehen. Denkbar ist z.B., individuelle Sportberatungen gegen Ende einer eher trainingswissenschaftlich bzw. sportmedizinisch orientierten Bewegungstherapie anzubieten. Dies würde Patientinnen und Patienten den Übergang in ein „reguläres" Freizeit- und Gesundheitssportangebot erleichtern und die Aufrechterhaltung der sportlichen Aktivität fördern. Erste Versuche in diese Richtung sind vielversprechend (Schmid et al., 2023; Schweda, Sudeck, Schmid, Janßen & Krauß, 2021).

Die in Kapitel 5 vorgestellten Möglichkeiten, eine Person-Sport-Passung herzustellen, sind als Optimalvarianten zu verstehen. Falls es nicht möglich ist, diese umzusetzen, ist auch schon viel erreicht, wenn sich Leiterinnen und Leiter sowie Bewegungsfachkräfte „nur" bewusst sind, dass sie es mit unterschiedlichen Menschen zu tun haben, und die Vielfalt an sportbezogenen Motiven und Zielen im Sportangebot entsprechend thematisieren.

6.2 Anwendungsszenarien für das BMZI und die Sporttypen im Freizeit- und Gesundheitssport

In Kapitel 3 und 4 haben wir erklärt, dass es je nach Altersgruppe unterschiedliche Versionen des BMZI und der Sporttypen gibt. Diese Ausdifferenzierung ist entwicklungstheoretisch gut begründet, kann jedoch beim Einsatz des Fragebogens in der (Forschungs-)Praxis herausfordernd sein. Tabelle 6-1 gibt Nutzerinnen und Nutzern des BMZI eine Orientierung, in welchen Anwendungssituationen wir den Einsatz welcher Fragebogenversionen empfehlen.

In diesem Buch haben wir aufgezeigt, wie die Motive und Ziele einer Person und die Anreize einer Sportaktivität systematisch aufeinander abgestimmt werden können, um das Wohlbefinden zu fördern und die Aufrechterhaltung der sportlichen Aktivität zu unterstützen. Wir möchten anregen, die Grundidee der Passung in der Praxis umzusetzen. Um den Transfer in die Praxis zu erleichtern, haben wir hiermit die erforderlichen Grundlagen bereitgestellt, und zeigen zudem auf, wie unser Ansatz an spezifische Gegebenheiten angepasst werden kann.

Tabelle 6-1: Empfehlungen für die Anwendung des BMZI und der Sporttypen

Szenario	Problem	Lösungsansatz
In einer Stichprobe mit einer Altersspanne (z. B. 20–65 Jahre) sollen die sportbezogenen Motive und Ziele erfasst werden.	Aus Ressourcengründen soll nur ein Fragebogen für die gesamte Stichprobe eingesetzt werden. Die Varianten des BMZI für das frühe und mittlere Erwachsenenalter unterscheiden sich jedoch leicht (Gut et al., 2019; Schmid et al., 2018).	Es empfiehlt sich, die upgedatete Version des BMZI für das mittlere Erwachsenenalter zu nutzen (Schmid et al., 2018).
In einer Stichprobe im mittleren Erwachsenenalter sollen primär die Sporttypen identifiziert werden.	Für das mittlere Erwachsenenalter gibt es eine neuere, leicht optimierte BMZI-Version (Schmid et al., 2018). Die Sporttypen dieses Altersabschnitts basieren jedoch noch auf dem ursprünglichen Fragebogen (Lehnert et al., 2011).	Es empfiehlt sich, den ursprünglichen BMZI einzusetzen (Lehnert et al., 2011). Falls genügend Ressourcen vorhanden sind, können die Items zur Ausdifferenzierung von Gesundheit und Fitness ergänzt werden. Diese Items fließen jedoch nicht alle in die Bestimmung der Sporttypen mit ein.
In einer Stichprobe mit einer großen Altersspanne (z. B. 20–75 Jahre) werden die Sporttypen identifiziert und individuelle Sportberatungen durchgeführt.	Aus Ressourcengründen kann bei allen Teilnehmenden nur mit den Sporttypen einer Altersklasse gearbeitet werden.	Es empfiehlt sich, den ursprünglichen BMZI für das mittlere Erwachsenenalter einzusetzen (Lehnert et al., 2011) und die entsprechenden Sporttypen zu bestimmen (Sudeck et al., 2011).

Anhang

Anhang 1: Berner Motiv- und Zielinventar für das Jugend- und frühe Erwachsenenalter

Hinweis:
Dieser Fragebogen wurde für Personen des Jugend- und frühen Erwachsenenalters von 14 bis 34 Jahren entwickelt und validiert.

Warum treiben Sie Sport? / Warum würden Sie Sport treiben?	trifft nicht zu				trifft sehr zu
Um mit anderen gesellig zusammen zu sein.	☐1	☐2	☐3	☐4	☐5
Um mich mit anderen zu messen.	☐1	☐2	☐3	☐4	☐5
Um Ärger und Gereiztheit abzubauen.	☐1	☐2	☐3	☐4	☐5
Um abzunehmen.	☐1	☐2	☐3	☐4	☐5
Um etwas in einer Gruppe zu unternehmen.	☐1	☐2	☐3	☐4	☐5
Vor allem, um meinen Gesundheitszustand zu verbessern.	☐1	☐2	☐3	☐4	☐5
Um mich in körperlich guter Verfassung zu halten.	☐1	☐2	☐3	☐4	☐5
Weil Sport mir die Möglichkeit für schöne Bewegungen bietet.	☐1	☐2	☐3	☐4	☐5
Um etwas zu wagen.	☐1	☐2	☐3	☐4	☐5
Um dabei Freunde/Bekannte zu treffen.	☐1	☐2	☐3	☐4	☐5
Weil ich im Wettkampf aufblühe.	☐1	☐2	☐3	☐4	☐5
Weil ich mich so von anderen Problemen ablenke.	☐1	☐2	☐3	☐4	☐5
Um mein Gewicht zu regulieren.	☐1	☐2	☐3	☐4	☐5
Vor allem aus gesundheitlichen Gründen.	☐1	☐2	☐3	☐4	☐5
Um Stress abzubauen.	☐1	☐2	☐3	☐4	☐5
Vor allem, um fit zu sein.	☐1	☐2	☐3	☐4	☐5
Um schöne Bewegungen zu erleben.	☐1	☐2	☐3	☐4	☐5
Weil riskante Situationen für mich reizvoll sind.	☐1	☐2	☐3	☐4	☐5
Um dadurch Menschen kennenzulernen.	☐1	☐2	☐3	☐4	☐5
Um sportliche Ziele zu erreichen.	☐1	☐2	☐3	☐4	☐5
Um meine Gedanken im Kopf zu ordnen.	☐1	☐2	☐3	☐4	☐5
Wegen meiner Figur.	☐1	☐2	☐3	☐4	☐5
Um körperlichen Beschwerden entgegenzuwirken.	☐1	☐2	☐3	☐4	☐5
Vor allem, um etwas für meine körperliche Fitness zu tun.	☐1	☐2	☐3	☐4	☐5
Um meinen Mut zu testen.	☐1	☐2	☐3	☐4	☐5
Um durch den Sport neue Freunde zu gewinnen.	☐1	☐2	☐3	☐4	☐5

Quelle:
Gut, V., Schmid, J., Schmid, J. & Conzelmann, A. (2019). The Bernese Motive and Goal Inventory for adolescence and young adulthood. *Frontiers in Psychology, 9*, 1.

Anhang 2: Berner Motiv- und Zielinventar für das mittlere Erwachsenenalter

Hinweis:
Dieser Fragebogen wurde für Personen des mittleren Erwachsenenalters von 35 bis 64 Jahren entwickelt und validiert.

Zur Erstellung des Motivprofils und zur Bestimmung der Sporttypen fließen nur die Items der Originalversion in die Berechnung ein. Sie sind unten mit einem * markiert.

Warum treiben Sie Sport? / Warum würden Sie Sport treiben?	trifft nicht zu				trifft sehr zu
Um mit anderen gesellig zusammen zu sein.*	☐1	☐2	☐3	☐4	☐5
Um abzunehmen.*	☐1	☐2	☐3	☐4	☐5
Um dadurch Menschen kennenzulernen.*	☐1	☐2	☐3	☐4	☐5
Um neue Energie zu tanken.*	☐1	☐2	☐3	☐4	☐5
Um Stress abzubauen.*	☐1	☐2	☐3	☐4	☐5
Vor allem, um fit zu sein.*	☐1	☐2	☐3	☐4	☐5
Um körperlichen Beschwerden entgegenzuwirken.	☐1	☐2	☐3	☐4	☐5
Vor allem aus gesundheitlichen Gründen.*	☐1	☐2	☐3	☐4	☐5
Um dabei Freunde/Bekannte zu treffen.*	☐1	☐2	☐3	☐4	☐5
Um mich mit anderen zu messen.*	☐1	☐2	☐3	☐4	☐5
Um Ärger und Gereiztheit abzubauen.*	☐1	☐2	☐3	☐4	☐5
Vor allem, um etwas für meine körperliche Fitness zu tun.	☐1	☐2	☐3	☐4	☐5
Weil Sport mir die Möglichkeit für schöne Bewegungen bietet.*	☐1	☐2	☐3	☐4	☐5
Um meine Gedanken im Kopf zu ordnen.*	☐1	☐2	☐3	☐4	☐5
Vor allem aus Freude an der Bewegung.*	☐1	☐2	☐3	☐4	☐5
Um sportliche Ziele zu erreichen.*	☐1	☐2	☐3	☐4	☐5
Um etwas in einer Gruppe zu unternehmen.*	☐1	☐2	☐3	☐4	☐5
Wegen meiner Figur.*	☐1	☐2	☐3	☐4	☐5
Wegen des Nervenkitzels.*	☐1	☐2	☐3	☐4	☐5
Um mich in körperlich guter Verfassung zu halten.*	☐1	☐2	☐3	☐4	☐5
Weil ich mich so von anderen Problemen ablenke.*	☐1	☐2	☐3	☐4	☐5
Um mein Gewicht zu regulieren.*	☐1	☐2	☐3	☐4	☐5
Um mich zu entspannen*	☐1	☐2	☐3	☐4	☐5

Warum treiben Sie Sport? / Warum würden Sie Sport treiben?	**trifft nicht zu**				**trifft sehr zu**
Weil es mir Freude bereitet, die Schönheit der menschlichen Bewegung im Sport zu erleben.*	☐1	☐2	☐3	☐4	☐5
Vor allem, um meinen Gesundheitszustand zu verbessern.	☐1	☐2	☐3	☐4	☐5
Weil ich im Wettkampf aufblühe.*	☐1	☐2	☐3	☐4	☐5
Um durch den Sport neue Freunde zu gewinnen.*	☐1	☐2	☐3	☐4	☐5

Quellen:

Originalversion:

Lehnert, K., Sudeck, G. & Conzelmann, A. (2011). BMZI – Berner Motiv- und Zielinventar im Freizeit- und Gesundheitssport. *Diagnostica, 57* (3), 146–159.

Aktualisierte Version:

Schmid, J., Gut, V., Conzelmann, A, & Sudeck, G. (2018). Bernese motive and goal inventory in exercise and sport: Validation of an updated version of the questionnaire. *PLOS ONE, 13* (2), e0193214.

Anhang 3: Berner Motiv- und Zielinventar für das höhere Erwachsenenalter

Hinweis:
Dieser Fragebogen wurde für Personen des höheren Erwachsenenalters ab 65 Jahren entwickelt und validiert.

Warum treiben Sie Sport? / Warum würden Sie Sport treiben? Bewerten Sie bitte alle folgenden Beweggründe dahingehend, ob sie für Sie „nicht", „wenig", „mittelmäßig", „ziemlich" oder „sehr" zutreffen.	**trifft nicht zu**	**trifft wenig zu**	**trifft mittelmäßig zu**	**trifft ziemlich zu**	**trifft sehr zu**
Weil ich im Wettkampf aufblühe.	☐1	☐2	☐3	☐4	☐5
Um etwas gegen meine Energielosigkeit zu tun.	☐1	☐2	☐3	☐4	☐5
Um dabei Freunde/Bekannte zu treffen.	☐1	☐2	☐3	☐4	☐5
Um mich in körperlich guter Verfassung zu halten.	☐1	☐2	☐3	☐4	☐5
Um körperlichen Beschwerden entgegenzuwirken.	☐1	☐2	☐3	☐4	☐5
Weil Sport mir die Möglichkeit für schöne Bewegungen bietet.	☐1	☐2	☐3	☐4	☐5
Wegen meiner Figur.	☐1	☐2	☐3	☐4	☐5
Um etwas in einer Gruppe zu unternehmen.	☐1	☐2	☐3	☐4	☐5
Um angenehme körperliche Erfahrungen zu machen.	☐1	☐2	☐3	☐4	☐5
Um mich weniger angespannt zu fühlen.	☐1	☐2	☐3	☐4	☐5
Um im Alltag körperlich mobil zu bleiben.	☐1	☐2	☐3	☐4	☐5
Um dadurch Menschen kennenzulernen.	☐1	☐2	☐3	☐4	☐5
Um abzunehmen.	☐1	☐2	☐3	☐4	☐5
Um mich im Alltag sicher fortbewegen zu können.	☐1	☐2	☐3	☐4	☐5
Weil es mir Freude bereitet, die Schönheit der menschlichen Bewegung im Sport zu erleben.	☐1	☐2	☐3	☐4	☐5
Um mit anderen gesellig zusammen zu sein.	☐1	☐2	☐3	☐4	☐5
Um sportliche Ziele zu erreichen.	☐1	☐2	☐3	☐4	☐5
Um Stress abzubauen.	☐1	☐2	☐3	☐4	☐5
Um mich weniger niedergeschlagen zu fühlen.	☐1	☐2	☐3	☐4	☐5
Vor allem aus Freude an der Bewegung.	☐1	☐2	☐3	☐4	☐5

Warum treiben Sie Sport? / Warum würden Sie Sport treiben?
Bewerten Sie bitte alle folgenden Beweggründe dahingehend, ob sie für Sie „nicht", „wenig", „mittelmäßig", „ziemlich" oder „sehr" zutreffen.

	trifft nicht zu	trifft wenig zu	trifft mittelmäßig zu	trifft ziemlich zu	trifft sehr zu
Um meine Selbstständigkeit im Alltag zu erhalten.	□1	□2	□3	□4	□5
Um mein Gewicht zu regulieren.	□1	□2	□3	□4	□5
Um durch den Sport neue Freunde zu gewinnen.	□1	□2	□3	□4	□5
Um mich mit anderen zu messen.	□1	□2	□3	□4	□5

Quelle:

Schmid, J., Molinari, V., Lehnert, K., Sudeck, G. & Conzelmann, A. (2014). BMZI-HEA. Adaption des Berner Motiv- und Zielinventars im Freizeit- und Gesundheitssport für Menschen im höheren Erwachsenenalter. *Zeitschrift für Gesundheitspsychologie, 22* (3), 104–117.

Anhang 4: Gesprächsleitfaden für die individuelle Sportberatung COMET: Originalversion

Der Gesprächsleitfaden kommt immer dann zum Einsatz, wenn ein persönliches Gespräch zwischen Beraterin bzw. Berater und Teilnehmenden geführt wird. Die unten aufgeführten Titelnummerierungen orientieren sich an den Beratungsschritten, welche in Abbildung 5-7 in Kapitel 5.3.3 ersichtlich sind.

Der Ablauf des Gesprächs ist, wenn immer möglich, 1:1 zu übernehmen. Die einzelnen Formulierungen können hingegen leicht an die Person und die Situation angepasst werden. Der Gesprächsleitfaden enthält die exemplarischen Aussagen eines ausgewählten Sporttyps: des figurbewussten Ästhetinnen und Ästheten.

1. Erfassung sportbezogene Motive und Ziele und aktuelles Sportverhalten

Die sportbezogenen Motive und Ziele und das aktuelle Sportverhalten werden individuell am Computer erhoben. Anschließend lernen die Teilnehmenden ihre persönliche Beraterin oder ihren persönlichen Berater kennen.

2a. Eisbrecher und Ziele des Gesprächs erläutern

„So, schön sind Sie hier bei uns! [...] Haben Sie den Eventort problemlos gefunden? [...] Sie werden am heutigen Beratungsevent ganz verschiedene Dinge erleben – Sie wurden über den Ablauf ja bereits informiert. Ich bin heute Ihre persönliche Ansprechperson. Dieses erste Gespräch dient dazu, dass wir uns kennenlernen und ich erfahre, wo Sie aktuell stehen und welche Motive und Ziele Sie im Sport verfolgen (würden). Sie werden auch eine erste Rückmeldung zum Fragebogen erhalten."

Der Eisbrecher („Haben Sie den Eventort problemlos gefunden?") kann nach dem eigenen Gusto angepasst werden.

2b. Rückfragen zum aktuellen Sportverhalten

„Sie haben vorher am Computer einen Fragebogen zu Ihrem aktuellen Sportverhalten ausgefüllt. Damit ich mir ein umfassenderes Bild machen kann, wäre es schön, wenn Sie mir noch etwas genauer erzählen, wie Sie aktuell ‚sportlich unterwegs sind'. Ich sehe, dass Sie Krafttraining machen. Wo besuchen Sie das Krafttraining? [...]

Sie haben außerdem angegeben, dass Sie in den letzten 4 Wochen 20 Mal 30 Min Velo gefahren sind. Beschreiben Sie: Wie sieht eine solche Velofahrt aus?"

Bei diesem Gesprächsbaustein geht es darum, a) einige Zusatzinformationen zum Verhalten der Person zu gewinnen. Es soll nachgefragt werden, in welchem organisationalen Kontext (z.B. Verein, Fitness) die aufgeführten Aktivitäten ausgeübt werden. b) Weiter müssen Auffälligkeiten (z.B. extreme Häufigkeits- und Zeitangaben) oder Unklarheiten (z.B. unbekannte Sportarten) geklärt werden. c) Schließlich ist es auch ein Ziel, mit dem Teilnehmenden ins Gespräch zu kommen und eine erste Beziehung aufzubauen. Es muss Interesse an der Person signalisiert werden – gerade nach der anonymen Computerbefragung ist das wichtig. Das Gespräch sollte nicht so geführt werden, dass das Gegenüber den Eindruck hat, sich für sein Verhalten rechtfertigen zu müssen. Falls die Person bislang inaktiv ist, dann wird dieser Gesprächsbaustein übersprungen.

2c. Erfassung des Sportverhaltens im Lebenslauf

„Nun geht es in einem nächsten Schritt darum, dass wir Ihre Sportaktivitäten im *gesamten Erwachsenenalter* anschauen. Welche Sportaktivitäten haben Sie zwischen dem 18. Lebensjahr und heute hauptsächlich ausgeübt?"

Es werden nur Sportarten erfragt, die mind. ein Jahr ausgeübt wurden mit einer Häufigkeit von mind. 1x/Woche, siehe dazugehörenden Fragebogen. Zusätzliche Angaben, welche die Personen im Gespräch unaufgefordert nennen (z.B. organisationaler Kontext der Aktivität oder Abbruchgrund), sollten frei auf dem Blatt notiert werden.

2d. Einführung der Motive und Ziele

„Gut, nun kommen wir zu den Motiven und Zielen. Menschen haben ganz *unterschiedliche* Beweggründe zum Sporttreiben. Wir gehen davon aus, dass nicht nur ein Grund ausschlaggebend ist, warum jemand Sport treibt oder damit beginnen möchte. Vielmehr sind es viele verschiedene Gründe, die einen gleichzeitig motivieren. Darum ist es spannend, sich ein Profil einer Person anzusehen. Wir unterscheiden folgende sieben Beweggründe: [...] Die beiden Beweggründe Ablenkung/Katharsis und Aktivierung/Freude zielen beide auf die Erholung ab. Jedoch wird die Erholung auf unterschiedliche Art und Weise erreicht. Bei der Ablenkung/Katharsis geht es darum, dass negative Emotionen wie Stress oder Ärger durch Sport reduziert werden. Demgegenüber wird Erholung bei Aktivierung/Freude erreicht, indem positive Emotionen durch Sport verstärkt werden. Der Beweggrund Ästhetik beinhaltet, dass Menschen Sport treiben, weil sie schöne, harmonische und fließende Bewegungen erleben möchten."

Die Motive und Ziele in einfachen Worten umschreiben, am einfachsten mit Verweis auf die x-Achse der Profilgrafik. Besonderes Augenmerk sollte auf die Beschreibung der Motiv- und Zieldimensionen Ablenkung/Katharsis, Aktivierung/Freude und Ästhetik gelegt werden. Diese Dimensionen sind erfahrungsgemäß jene, welche am wenigsten selbsterklärend sind.

2e. Feedback des individuellen Motiv- und Zielprofils

„Sie sehen hier Ihr individuelles Motivprofil. Wenn Ihnen ein Beweggrund wichtig ist, dann ist der Wert an der betreffenden Stelle hoch, wenn Ihnen ein Beweggrund unwichtig ist, dann ist der Wert tief. Man sieht bei Ihnen nun, dass Figur/Aussehen und Ästhetik im Vordergrund stehen. Offensichtlich wollen Sie im Sport v.a. etwas für Ihre Gewichtsregulation tun und fließende Bewegungen erleben. Inwieweit deckt sich das mit Ihrem persönlichen Eindruck?/Was halten Sie davon? [...]"

Die beiden Fragen („Inwieweit deckt sich das...?" und „Was halten Sie davon?") sind als Alternativen zu verstehen. Nach dieser offenen Frage am Ende muss *aktiv zugehört* werden, um die Reflexion der Person anzuregen und ihre Interpretation der Ergebnisse hervorzulocken.

2f. Einführung des motivbasierter Sporttyps

„Personen können nun auf Basis ihrer Profile gruppiert werden. Wir haben dies in einem groß angelegten Projekt mit mehreren hundert Personen gemacht. Wir haben geschaut, welche Profile Personen zwischen 35 und 65 Jahren typischerweise haben. Insgesamt haben wir neun sogenannte Sporttypen gefunden."

2g. Feedback des motivbasierten Sporttyps

„Wir haben nun geschaut, welchem Sporttyp Sie am ähnlichsten sind. Sie wurden den figurbewussten Ästhetinnen und Ästheten zugeteilt. Sie sehen hier das Profil des Sporttyps. Es wird deutlich, dass Ihr persönliches Profil sehr ähnlich ist. Was denken Sie darüber?/Was geht Ihnen durch den Kopf?"

Auch an dieser Stelle sollte nochmals *aktiv zugehört* werden.

3. Idee der Schnuppersportangebote erläutern

„Das wäre es fürs Erste mit der Rückmeldung gewesen. Weiter geht es mit den Schnuppersportangeboten [auf Ablaufplan verweisen]. Es gibt insgesamt drei Angebote à 30 Min. Sie finden in kleinen Gruppen statt. Keine Angst, die Angebote setzen keine Vorerfahrungen voraus und auch die Intensität kann angepasst werden. Die drei Angebote sind bewusst unterschiedlich. Ziel ist, dass Sie breite Bewegungserfahrungen machen. Wir werden während den Schnuppersportangeboten kurze Befragungen mit Smartphones machen. Die Idee dahinter ist, dass Sie sich dadurch Gedanken über die Sportaktivität machen, die Sie gerade erlebt haben. Weiter werden wir die gesammelten Informationen in unserem Abschlussgespräch nutzen und gemeinsam besprechen. Es ist darum wichtig, dass Sie alle drei Angebote besuchen. Die Leiter und Leiterinnen warten in der Turnhalle auf Sie. Wir sehen uns also nach den Schnuppersportangeboten nochmals zu einem abschließenden Reflexions- und Beratungsgespräch."

4a. Reflexion über die Erfahrungen in den Schnuppersportangeboten

„Ich hoffe, Sie sind auch nach den Schnuppersportangeboten noch voller Energie für dieses abschließende Gespräch. In diesem Gespräch geht es nun darum, dass wir alle gesammelten Informationen zusammenbringen und sie *gemeinsam* reflektieren.

Sie haben heute drei verschiedene Sportangebote erlebt. Die Sportangebote waren bewusst unterschiedlich gestaltet. Welches Schnuppersportangebot hat Ihnen besonders gut gefallen? Welche Merkmale der Aktivität waren entscheidend, dass es Ihnen gefallen hat/Warum hat es Ihnen gefallen? [...]

Welches Angebot hat Ihnen gar nicht entsprochen? Welche Merkmale der Aktivität waren entscheidend, dass es Ihnen nicht gefallen hat/Warum hat es Ihnen nicht gefallen?"

Nach den offenen Fragen sollte *aktiv zugehört* werden! Zentral ist, dass die Person darüber nachdenkt, welche Charakteristika einer Aktivität sie angesprochen bzw. abgestoßen haben. Hier sollte nochmals in anderen Worten nachgefragt werden, falls die Antwort sehr kurz ist. Dieser Gesprächsbaustein ist einer der wichtigsten im ganzen Beratungsgespräch. Die Person soll zur Reflexion animiert werden! Das Expertenwissen darf an dieser Stelle noch nicht eingebracht werden. Auch die individuellen Erfahrungs- und Befindensdaten werden noch *nicht* betrachtet.

4b. Brücke zu den individuellen Motiv- und Erfahrungsdaten schlagen

Im Vorfeld 1–2 wichtige Motive und Ziele der Person auswählen. Entsprechende Erfahrungsfacette des präferierten Angebots in den Blick nehmen:

„Wir haben ja während den Schnuppersportangeboten diese Kurzbefragungen gemacht. Möchten Sie, dass wir uns Ihre Ergebnisse genauer anschauen? Hier sehen wir, welche Erlebnisse Sie in Angebot A, B und C gemacht haben: [...] Es ist nachvollziehbar, warum Sie Angebot C am meisten angesprochen hat. Hier erlebten Sie laut der Befragung etwas, was Sie besonders suchen im Sport. Sie hatten in diesem Angebot die Möglichkeit, schöne Bewegungen zu erleben. Die Ästhetik ist Ihnen laut Ihrem persönlichen Motiv- und Zielprofil auch sehr wichtig."

4c. Relevanz des Befindens während dem Sport erläutern

„Wir haben Sie während den Angeboten jeweils auch gefragt, wie Sie sich gerade fühlen. Das haben wir gemacht, weil das Befinden *während* dem Sport sehr wichtig ist. Es beeinflusst, ob wir an einer Aktivität dranbleiben: Wenn wir uns während der Bewegung gut fühlen, dann haben wir auch Lust, diese Aktivität nochmals auszuüben."

4d. Brücke zu den individuellen Befindensdaten schlagen

„Sie sehen hier Ihre Befindenswerte während den drei Schnuppersportangeboten (vgl. Abbildung 5-9 in Kapitel 5.3). Das Befinden bilden wir mit zwei Dimensionen ab: (1) Wir fühlen uns mehr oder weniger schlecht bzw. gut. (2) Wir fühlen uns mehr oder weniger energiegeladen. Spannend sind für uns v.a. die Werte auf der horizontalen Achse (die Valenz). Wenn wir die Werte während dem Sport über die drei Angebote vergleichen, dann fällt auf, dass Sie sich während des Angebots C besonders gut gefühlt haben. Das liegt vermutlich auch daran, dass Sie hier das erlebt haben, was Ihnen beim Sporttreiben wichtig ist. Das Befinden während dem Sport kann uns eine wichtige Rückmeldung darüber geben, ob uns die Aktivität entspricht oder nicht."

Die Daten sollten nicht als „absolute Wahrheit" verkauft werden, weil damit der Person eine passive Rolle zugeschrieben würde. Bei vergleichbaren Valenzwerten können auch zwei Angebote hervorgehoben werden. Falls es widersprüchliche Werte gibt, dann auf das Sportfreude-Item ausweichen! Manchmal sind diese aussagekräftiger. Wird auf die Sportfreude Bezug genommen, müssen die Befindensdimensionen Valenz und Aktivierung nicht erklärt werden.

4e. Empfehlungen für eine passende Sportaktivität abgeben

„Wir haben nun im Gespräch bereits etwas angeschnitten, wie eine Aktivität ausschauen könnte, damit sie passend für Sie ist. Sie haben erwähnt, dass es Ihnen wichtig ist, dass die Bewegungen nicht allzu abgehackt sind, sondern fließend ausgeführt werden können. Im Rahmen eines Forschungsprojektes haben wir uns überlegt, welche Aktivitäten für welchen Sporttyp interessant sein könnten. Möchten Sie mehr darüber wissen?/Wären Sie einverstanden, wenn ich Ihnen erzähle, was bei Ihrem Sporttyp oftmals funktioniert hat? Sie wurden ja den figurbewussten Ästhetinnen und Ästheten zugeteilt. Für diesen Sporttyp könnten z.B. Kräftigungsübungen mit einer kompositorischen Komponente passend sein, wie etwa Pilates. Im Gegensatz zu Krafttraining an Geräten wird bei dieser Sportaktivität Wert darauf gelegt, dass die Bewegungen rund und fließend sind. Ein anderer Vorschlag wären tänzerische Aktivitäten, wie etwa Jazztanz. Bei dieser Aktivität steht noch etwas mehr der Ausdruck der Bewegung und auch deren Rhythmik im Vordergrund. Pilates wird oftmals in Studios oder Fitnesscentern angeboten. [...] Was halten Sie davon?/Was denken Sie darüber?"

Vor den Aktivitätsempfehlungen sollte zuerst die Erlaubnis eingeholt werden. Es ist eine autonomieförderliche Sprache zu verwenden. Also: nicht direktiv mitteilen, welche Aktivitäten dem Gegenüber zu gefallen haben, sondern Möglichkeiten aufzeigen („Vielleicht ist XY für Sie passend...", „Wenn Sie möchten, könnten Sie mal XY ausprobieren..."). Die Entscheidung, was die Person schließlich macht, liegt zu 100 % bei ihr.

Die Erfahrung zeigt, dass es wichtig ist, nicht nur einen einzigen Aktivitätsvorschlag zu machen, sondern 2–3 Möglichkeiten anzubieten. Wird nur eine Aktivität empfohlen, ist die Chance einer Zurückweisung sehr viel größer. Die Vorschläge sollten von der Beraterin bzw. dem Berater begründet werden. Der Organisationskontext der Aktivität (z.B. Verein, Fitnesscenter, selbstorganisiert) kann an dieser Stelle bereits kurz angesprochen werden. Nach der ersten „Vorschlagsrunde" wird die Person mit einer offenen Frage um eine Einschätzung gebeten. Anschließend sollte nochmals *aktiv zugehört* und allenfalls weitere Vorschläge gegeben werden. Bei der Abgabe von Aktivitätsempfehlungen wird auf die zuvor angeleitete Reflexion (Gesprächsbaustein 4a), die standardisierten Empfehlungen je Sporttyp und eigene Ideen zurückgegriffen (vgl. Anhang 7).

4f. Entwicklung eines Handlungsplans einleiten

„Sie haben gesagt, dass Pilates eine Aktivität ist, die Sie gerne ausprobieren möchten. Was sind die ersten Schritte, die Sie unternehmen könnten, um dieses Vorhaben umzusetzen? [...] Wo könnte es Pilates-Lektionen in Ihrer Umgebung geben? [...] Wann könnten Sie die Aktivität machen?/Wann könnten Sie sich die nötigen Informationen besorgen? [...]"

An dieser Stelle soll *gemeinsam* geplant werden, was wo und wann gemacht wird. Auch an dieser Stelle ist auf eine autonomieförderliche Sprache zu achten. Frage nicht: „Was müssen Sie unternehmen?" Das klingt bedrängender als: „Was könnten Sie unternehmen?".

Das „wo" bezieht sich auf den organisationalen Kontext der Sportaktivität. Bei manchen Aktivitäten ist dies relativ simpel und muss womöglich nicht genauer diskutiert werden (z.B. Joggen im Wald). Bei anderen Aktivitäten muss der Kontext detaillierter besprochen werden, v.a. dann, wenn die Teilnehmenden die Aktivität zuvor noch nie ausgeübt haben (z.B. Pilates im Fitnessstudio in der Nähe des Arbeitsortes). Als Hilfestellung kann ein Übersichtsblatt mit den verschiedenen Sportanbietern genommen und allenfalls abgegeben werden.

Beim „wann“ geht es darum, nachzufragen, zu welchem Zeitpunkt die Teilnehmenden die Aktivität ausführen werden oder – falls noch zu wenig Angaben über den organisationalen Kontext vorliegen – wann die nötigen Informationen gesucht werden.

4g. Gesagtes zusammenfassen

„Lassen Sie mich zusammenfassen, was wir heute miteinander besprochen haben. Wir haben zuerst Ihr persönliches Motiv- und Zielprofil angeschaut und Ihren Sporttyp besprochen. Die unterschiedlichen Schnuppersportangebote haben wir genutzt, um darüber nachzudenken, welche Aktivitäten zu Ihnen passen könnten. In unserem Gespräch hat sich gezeigt, dass Pilates etwas ist, das Sie gerne einmal testen möchten. Zum Schluss haben wir noch diskutiert, dass Sie sich beim Fitnesscenter neben Ihrem Arbeitsplatz erkundigen möchten, ob es dort Pilates-Lektionen gibt.“

Es soll ein Resümee des Gesprächs gemacht werden. Dabei wird Folgendes aufgegriffen: das Motivprofil, der Sporttyp, die Schnupperangebote, die aus dem Gespräch abgeleiteten passenden Sportaktivitäten sowie die ersten Schritte zur Umsetzung (Handlungsplan, siehe Abbildung 5-10).

4h. Gesprächsabschluss und Vorschau auf den „Interventions-Booster“

„Nun sind wir am Ende des Gesprächs angelangt. Möchten Sie gerne noch etwas wissen? [...] Wir werden in ca. vier Wochen nochmals telefonisch Kontakt mit Ihnen aufnehmen, um Ihre zwischenzeitlichen Sporterfahrungen zu besprechen. Geht das für Sie in Ordnung?“

Person wird verabschiedet und die zentralen Gesprächsinhalte werden von der Beraterin bzw. vom Berater im vorbereiteten Dokument notiert.

5a. Eisbrecher und Ziele des „Interventions-Boosters“ erläutern

„Hallo XY. Schön, dass es klappt mit dem gemeinsamen Telefongespräch. Haben Sie ein Plätzchen gefunden, an dem Sie ungestört telefonieren können? [...]

Ziel des heutigen Telefongesprächs ist, dass wir gemeinsam schauen, wo Sie zwischenzeitlich stehen und an welchen Stellen ich Sie allenfalls noch unterstützen kann.“

5b. Rückblick auf die bisherige Beratung

„Sie haben bei uns am Beratungsevent teilgenommen. Dort haben wir Ihr persönliches Motiv- und Zielprofil angeschaut und Ihren Sporttyp besprochen. Es hat sich gezeigt, dass Ihnen die Verbesserung Ihres Körpergewichts und das ästhetische Erleben während des Sporttreibens besonders wichtig sind. Wir haben dann gemeinsam überlegt, welche Aktivitäten für Sie passend sein könnten – wir haben also nach Aktivitäten gesucht, die diese Motive ansprechen. In unserem Gespräch hat sich gezeigt, dass Pilates etwas ist, das Sie gerne einmal testen möchten. Zum Schluss haben wir noch diskutiert, dass Sie sich beim Fitnesscenter neben Ihrem Arbeitsplatz erkundigen könnten, ob es dort Pilates-Lektionen gibt.“

Der gemeinsam erarbeitete Handlungsplan zur Informationsbeschaffung und/oder zur konkreten Sportaktivität soll an dieser Stelle nur grob angesprochen werden. Vor allem auf die Wiederholung des „Wann“ soll verzichtet werden, damit es nicht zu direktiv resp. kontrollierend wirkt. Ein Satz wie: „Sie haben sich vorgenommen, jeden Dienstag um 19:00 Uhr walken zu gehen“ wäre also nicht angebracht.

5c. Erfragung der aktuellen Situation

Abhängig von der Art der Planung, welche im bisherigen Beratungsgespräch gemacht wurde, sollen unterschiedliche offene Fragen gestellt werden. Dadurch erfährt man, wo die Person aktuell steht und wie sie noch weiter unterstützt werden kann. Egal ob Variante A) oder B) gewählt wird: Nach der Antwort sollte man 1- bis 2-mal *aktiv zuhören!* Dadurch fühlt sich die Person nicht nur wahrgenommen, es wird auch sichergestellt, dass man sie richtig verstanden hat. Falls die Person zu wenig ausführlich berichtet, kann die zweite, inhaltlich ähnliche, offene Frage gestellt werden. Ob Variante A) oder B) gewählt wird, hängt mit dem gemeinsam erstellten Handlungsplan zusammen (vgl. Gesprächsbaustein 4f). „Sportaktivität" kann bei den Fragen ersetzt werden mit der konkreten Aktivität, z. B. Pilates.

Variante A): Informationsbeschaffung wurde geplant
„Erzählen Sie mal: Wie ist es Ihnen bei der Beschaffung der Informationen zur *Sportaktivität* ergangen?/Inwiefern konnten Sie die Informationen zur *Sportaktivität* beschaffen?"

Variante B): Konkrete Sportaktivität wurde geplant
„Erzählen Sie mal: Wie ist es Ihnen mit der *Sportaktivität* ergangen?/Welche Erfahrungen konnten Sie in der *Sportaktivität* sammeln?"

5d. Passende Unterstützung identifizieren und anbieten

Abhängig von der Antwort des Teilnehmenden auf die offenen Fragen oben (vgl. Gesprächsbaustein 5c), wird für den weiteren Gesprächsverlauf die passende Variante A)–C) ausgewählt. Auch bei diesem Gesprächsbaustein soll – wenn immer passend – aktiv zugehört werden.

Variante A): Keine Informationen wurden beschafft
Die Person hat keine der geplanten Aktivitäten zur Informationsbeschaffung umgesetzt. In dieser Situation geht es darum herauszufinden, ob die Person überhaupt noch am Ziel, die besprochene Sportaktivität auszuführen, festhält. Abhängig von der Antwort auf die Frage unten wird entweder die Informationsbeschaffung erneut geplant oder dann eine neue Sportaktivität gesucht und geplant.

„Inwieweit möchten Sie die angedachte Sportaktivität noch ausprobieren?"

Variante B): Informationen wurden beschafft, aber konkrete Sportaktivität wurde nicht umgesetzt:
Die Person hat die nötigen Informationen beschafft und z. B. ein passendes Angebot gefunden. Jedoch hat sie die konkrete Sportaktivität noch nicht ausprobiert. Beispiel: Die Aktivität konnte nicht in den (Arbeits-)Alltag integriert werden. In dieser Situation soll die konkrete Sportaktivität (erneut oder erstmals) geplant werden.

„Vielen Personen hilft es, einen konkreten Plan für eine sportliche Aktivität aufzustellen. Durch die Planung geht die Sportaktivität im Alltag weniger vergessen. Im Plan wird festgelegt, was man wo, wann und mit wem macht. Wollen wir gemeinsam versuchen, es zu planen?

Über das *was* haben wir ja bereits gesprochen, Sie haben mir am Beratungsevent gesagt, dass Pilates etwas ist, das Sie gerne ausprobieren möchten.

Wo könnten Sie die Aktivität durchführen? [...]
Wann könnten Sie die Aktivität durchführen? [...]

Einige Personen schreiben sich den geplanten Termin auch in die Agenda ein, damit sie sich daran erinnern. Dadurch erhält er auch eine gewisse Priorität."

Variante C): Informationen wurden beschafft und/oder konkrete Sportaktivität wurde umgesetzt
Die Person hat die nötigen Informationen beschafft und/oder hat die konkrete Sportaktivität mind. einmal umgesetzt. In dieser Situation

geht es zunächst darum, gemeinsam mit der Person über die Passung und die Anreize der Sportaktivität zu reflektieren.

„Inwieweit hat Ihnen die Sportaktivität gefallen?

Welche Merkmale der Aktivität waren entscheidend, dass es Ihnen gefallen hat?/Warum hat sie Ihnen gefallen?

Welche Merkmale der Aktivität waren entscheidend, dass es Ihnen nicht gefallen hat?/ Warum hat Sie Ihnen nicht gefallen?"

Falls die Aktivität der Person nicht gefallen hat, wird basierend auf den oben genannten offenen Fragen gemeinsam eine leicht angepasste/neue Sportaktivität erarbeitet. Vom Prinzip her wird gleich vorgegangen wie in den Gesprächsbausteinen 4a–4f. Falls die Aktivität der Person gefallen hat, wird eine Bewältigungsplanung mit der Person durchgeführt.

„Auch wenn man sich vornimmt, sportlich aktiv zu sein, kommt es manchmal vor, dass man die guten Vorsätze im Alltag nicht umsetzt, weil Hindernisse auftauchen (z. B. wegen Regen gehe ich nicht wie angedacht joggen). Es hilft, sich frühzeitig über die Hindernisse, die einen persönlich vom Sporttreiben abhalten, Gedanken zu machen. Darauf aufbauend kann man sich dann konkrete Strategien überlegen, wie man solche kritischen Situationen meistern kann.

Welche Hindernisse und Schwierigkeiten machen/machten es Ihnen schwer, die geplanten Sportaktivitäten in die Tat umzusetzen?

Wie können Sie diese kritische Situation zukünftig überwinden, sodass Sie trotzdem aktiv sind?"

Bei der Bewältigungsplanung werden zunächst Hindernisse identifiziert und darauf aufbauend Bewältigungsstrategien abgeleitet. Die zwei oben aufgelisteten Fragen bauen logisch aufeinander auf. Sie sollen daher genau in dieser Reihenfolge gestellt und bearbeitet werden. Die von der Person genannten Hindernisse und Bewältigungsstrategien werden von der Beraterin bzw. vom Berater notiert. Die Notizen werden genutzt, um am Ende des Gesprächs das Gesagte nochmals zusammenzufassen.

5e. Gesagtes zusammenfassen

Es soll ein kurzes Resümee des Telefongesprächs gemacht werden. Dabei werden abhängig vom Gesprächsinhalt verschiedene Punkte aufgegriffen, z. B.:

Was wurde zur Planung, Informationsbeschaffung oder Sportaktivität besprochen? Welche Schwierigkeiten sind aufgetreten?

Wie sieht die Handlungsplanung aus?

Welche Handlungsbarrieren hat die Person erwähnt?

Welche Bewältigungsstrategien könnte die Person dafür anwenden?

„Ich fasse kurz zusammen, was wir miteinander besprochen haben. Sie haben mir erzählt, dass Sie Informationen zu Pilates-Lektionen online gesucht haben, dabei aber nicht auf etwas Passendes in Ihrer Nähe gestoßen sind. Wir haben dann gemeinsam Jazzdance als Alternative festgelegt, weil die Umsetzung von Pilates organisatorisch für Sie schwierig ist. Weil es für ein regelmäßiges Dranbleiben wichtig ist, die Sportaktivität konkret zu planen, haben wir gemeinsam beschlossen, dass Sie im Internet passende Jazzdance-Lektionen suchen und diese ausprobieren.

Nun sind wir am Ende des Gesprächs angelangt. Haben Sie noch ein Anliegen/einen offenen Punkt? [...]

Dann bedanke ich mich herzlich für das Telefonat und wünsche Ihnen einen guten Tag."

Anhang 5: Gesprächsleitfaden für die individuelle Sportberatung COMET: angepasste Version

Dieser leicht angepasste Gesprächsleitfaden kann genutzt werden, wenn die Schnuppersportangebote in bestehenden Strukturen integriert werden und die Kurzbefragungen auf Papier umgesetzt werden.

Der Ablauf des Gesprächs ist, wenn immer möglich, 1:1 zu übernehmen. Die einzelnen Formulierungen können hingegen leicht an die Person und die Situation angepasst werden. Der Gesprächsleitfaden enthält die exemplarischen Aussagen für einen ausgewählten Sporttyp: die figurbewussten Ästhetinnen und Ästheten.

1. Erfassung sportbezogene Motive und Ziele und aktuelles Sportverhalten

Die sportbezogenen Motive und Ziele und das aktuelle Sportverhalten werden individuell am Computer erhoben. Anschließend lernen die Teilnehmenden ihre persönliche Beraterin oder ihren persönlichen Berater kennen.

2a. Eisbrecher und Ziele des Gesprächs erläutern

„So, schön sind Sie hier bei uns! [...] Haben Sie den Eventort problemlos gefunden? [...] Sie werden am heutigen Beratungsevent ganz verschiedene Dinge erleben – Sie wurden über den Ablauf ja bereits informiert. Ich bin heute Ihre persönliche Ansprechperson. Dieses erste Gespräch dient dazu, dass wir uns kennenlernen und ich erfahre, wo Sie aktuell stehen und welche Motive und Ziele Sie im Sport verfolgen (würden). Sie werden auch eine erste Rückmeldung zum Fragebogen erhalten."

Der Eisbrecher („Haben Sie den Eventort problemlos gefunden?") kann nach dem eigenen Gusto angepasst werden.

2b. Rückfragen zum aktuellen Sportverhalten

„Sie haben vorher am Computer einen Fragebogen zu Ihrem aktuellen Sportverhalten ausgefüllt. Damit ich mir ein umfassenderes Bild machen kann, wäre es schön, wenn Sie mir noch etwas genauer erzählen, wie Sie aktuell ‚sportlich unterwegs sind'. Ich sehe, dass Sie Krafttraining machen. Wo besuchen Sie das Krafttraining? [...]

Sie haben außerdem angegeben, dass Sie in den letzten 4 Wochen 20 Mal 30 Min Velo gefahren sind. Beschreiben Sie: Wie sieht eine solche Velofahrt aus?"

Bei diesem Gesprächsbaustein geht es darum, a) einige Zusatzinformationen zum Verhalten der Person zu gewinnen. Es soll nachgefragt werden, in welchem organisationalen Kontext (z. B. Verein, Fitness) die aufgeführten Aktivitäten ausgeübt werden. b) Weiter müssen Auffälligkeiten (z. B. extreme Häufigkeits- und Zeitangaben) oder Unklarheiten (z. B. unbekannte Sportarten) geklärt werden. c) Schließlich ist es auch ein Ziel, mit dem Teilnehmenden ins Gespräch zu kommen und eine erste Beziehung aufzubauen. Es muss Interesse an der Person signalisiert werden – gerade nach der anonymen Computerbefragung ist das wichtig. Das Gespräch sollte nicht so geführt werden, dass das Gegenüber den Eindruck hat, sich für sein Verhalten rechtfertigen zu müssen. Falls die Person bislang inaktiv ist, dann wird dieser Gesprächsbaustein übersprungen.

2c. Erfassung des Sportverhaltens im Lebenslauf

„Nun geht es in einem nächsten Schritt darum, dass wir Ihre Sportaktivitäten im *gesamten Erwachsenenalter* anschauen. Welche Sportaktivitäten haben Sie zwischen dem 18. Lebensjahr und heute hauptsächlich ausgeübt?"

Es werden nur Sportarten erfragt, die mind. ein Jahr ausgeübt wurden mit einer Häufigkeit von mind. 1x/Woche, siehe dazugehörenden Fragebogen. Zusätzliche Angaben, welche die

Personen im Gespräch unaufgefordert nennen (z.B. organisationaler Kontext der Aktivität oder Abbruchgrund), sollten frei auf dem Blatt notiert werden.

2d. Einführung der Motive und Ziele
„Gut, nun kommen wir zu den Motiven und Zielen. Menschen haben ganz *unterschiedliche* Beweggründe zum Sporttreiben. Wir gehen davon aus, dass nicht nur ein Grund ausschlaggebend ist, warum jemand Sport treibt oder damit beginnen möchte. Vielmehr sind es viele verschiedene Gründe, die einen gleichzeitig motivieren. Darum ist es spannend, sich ein Profil einer Person anzusehen. Wir unterscheiden folgende sieben Beweggründe: [...] Die beiden Beweggründe Ablenkung/Katharsis und Aktivierung/Freude zielen beide auf die Erholung ab. Jedoch wird die Erholung auf unterschiedliche Art und Weise erreicht. Bei der Ablenkung/Katharsis geht es darum, dass negative Emotionen wie Stress oder Ärger durch Sport reduziert werden. Demgegenüber wird Erholung bei Aktivierung/Freude erreicht, indem positive Emotionen durch Sport verstärkt werden. Der Beweggrund Ästhetik beinhaltet, dass Menschen Sport treiben, weil sie schöne, harmonische und fließende Bewegungen erleben möchten."

Die Motive und Ziele in einfachen Worten umschreiben, am einfachsten mit Verweis auf die x-Achse der Profilgrafik. Besonderes Augenmerk sollte auf die Beschreibung der Motiv- und Zieldimensionen Ablenkung/Katharsis, Aktivierung/Freude und Ästhetik gelegt werden. Diese Dimensionen sind erfahrungsgemäß jene, welche am wenigsten selbsterklärend sind.

2e. Feedback des individuellen Motiv- und Zielprofils
„Sie sehen hier Ihr individuelles Motivprofil. Wenn Ihnen ein Beweggrund wichtig ist, dann ist der Wert an der betreffenden Stelle hoch, wenn Ihnen ein Beweggrund unwichtig ist, dann ist der Wert tief. Man sieht bei Ihnen nun, dass Figur/Aussehen und Ästhetik im Vordergrund stehen. Offensichtlich wollen Sie im Sport v.a. etwas für Ihre Gewichtsregulation tun und fließende Bewegungen erleben. Inwieweit deckt sich das mit Ihrem persönlichen Eindruck?/Was halten Sie davon? [...]"

Die beiden Fragen („Inwieweit deckt sich das...?" und „Was halten Sie davon?") sind als Alternativen zu verstehen. Nach dieser offenen Frage am Ende muss *aktiv zugehört* werden, um die Reflexion der Person anzuregen und ihre Interpretation der Ergebnisse hervorzulocken.

2f. Einführung des motivbasierten Sporttyps
„Personen können nun auf Basis ihrer Profile gruppiert werden. Wir haben dies in einem groß angelegten Projekt mit mehreren hundert Personen gemacht. Wir haben geschaut, welche Profile Personen zwischen 35 und 65 Jahren typischerweise haben. Insgesamt haben wir neun sogenannte Sporttypen gefunden."

2g. Feedback des motivbasierten Sporttyps
„Wir haben nun geschaut, welchem Sporttyp Sie am ähnlichsten sind. Sie wurden den figurbewussten Ästhetinnen und Ästheten zugeteilt. Sie sehen hier das Profil des Sporttyps. Es wird deutlich, dass Ihr persönliches Profil sehr ähnlich ist. Was denken Sie darüber?/Was geht Ihnen durch den Kopf?"

Auch an dieser Stelle muss nochmals *aktiv zugehört* werden.

3a. Reflexion über die Erfahrungen im Rehabilitationsprogramm
„Wir haben vorher über Ihr vergangenes und aktuelles Sportverhalten gesprochen und gesehen, welche Motive Ihnen beim Sporttreiben wichtig sind. Nachfolgend geht es darum, dass wir über Ihre Bewegungserfahrungen im Rehabilitationsprogramm nachdenken und *gemeinsam* für Sie eine passende Sportaktivität finden, die Sie nach Ende des Programms ausführen könnten.

Wir haben in der Rehabilitation bereits vieles gemeinsam gemacht. Auf dieser Übersicht sehen Sie, welche unterschiedlichen Bewegungsaktivitäten Sie kennenlernten [Liste zeigen]. Vor allem in den letzten paar Wochen konnten Sie in unterschiedliche Aktivitäten reinschnuppern.

Welche Aktivität hat Ihnen besonders gut gefallen? Welche Merkmale der Aktivität waren entscheidend, dass es Ihnen gefallen hat/Warum hat es Ihnen gefallen? [...]

Welches Angebot hat Ihnen gar nicht entsprochen? Welche Merkmale der Aktivität waren entscheidend, dass es Ihnen nicht gefallen hat/Warum hat es Ihnen nicht gefallen?"

Nach den offenen Fragen sollte *aktiv zugehört* werden! Zentral ist, dass die Person darüber nachdenkt, welche Charakteristika einer Aktivität sie angesprochen bzw. abgestoßen haben. Hier sollte nochmals in anderen Worten nachgefragt werden, falls die Antwort sehr kurz ist. Dieser Gesprächsbaustein ist einer der wichtigsten im ganzen Beratungsgespräch. Die Person soll zur Reflexion animiert werden! Das Expertenwissen darf an dieser Stelle noch nicht eingebracht werden. Auch die individuellen Erfahrungs- und Befindensdaten werden noch *nicht* betrachtet.

3b. Brücke zu den individuellen Motiv- und Erfahrungsdaten schlagen

Im Vorfeld 1–2 wichtige Motive und Ziele der Person auswählen. Entsprechende Erfahrungsfacette des präferierten Angebots in den Blick nehmen:

„Sie haben ja während einigen Bewegungsaktivitäten im Rehabilitationsprogramm Kurzbefragungen ausgefüllt. Möchten Sie, dass wir uns Ihre Ergebnisse genauer anschauen? Hier sehen wir, welche Erlebnisse Sie während den unterschiedlichen Bewegungsaktivitäten gemacht haben [...] Es ist nachvollziehbar, warum Sie die Tanzstunde am meisten angesprochen hat. Hier erlebten Sie laut der Befragung etwas, was Sie besonders suchen im Sport. Sie hatten bei dieser Aktivität die Möglichkeit, schöne Bewegungen zu erleben. Die Ästhetik ist Ihnen laut Ihrem persönlichen Motiv- und Zielprofil auch sehr wichtig."

3c. Relevanz des Befindens während dem Sport erläutern

„Wir haben Sie während den Angeboten jeweils auch gefragt, wie Sie sich gerade fühlen. Das haben wir gemacht, weil das Befinden *während* dem Sport sehr wichtig ist. Es beeinflusst, ob wir an einer Aktivität dranbleiben: Wenn wir uns während der Bewegung gut fühlen, dann haben wir auch Lust, diese Aktivität nochmals auszuüben."

3d. Brücke zu den individuellen Befindensdaten schlagen

„Sie sehen hier Ihre Befindenswerte von ausgewählten Bewegungsaktivitäten im Rehabilitationsprogramm. Das Befinden bilden wir mit zwei Dimensionen ab: (1) Wir fühlen uns mehr oder weniger schlecht bzw. gut. (2) Wir fühlen uns mehr oder weniger energiegeladen. Spannend sind für uns v.a. die Werte auf der horizontalen Achse (die Valenz). Wenn wir die Werte während dem Sport über die unterschiedlichen Aktivitäten vergleichen, dann fällt auf, dass Sie sich während des Yogas besonders gut gefühlt haben. Das liegt vermutlich auch daran, dass Sie hier das erlebt haben, was Ihnen beim Sporttreiben wichtig ist. Das Befinden während dem Sport kann uns eine wichtige Rückmeldung darüber geben, ob uns die Aktivität entspricht oder nicht."

Die Daten sollten nicht als „absolute Wahrheit" verkauft werden, weil damit der Person eine passive Rolle zugeschrieben würde. Bei vergleichbaren Valenzwerten können auch zwei Angebote hervorgehoben werden. Falls es widersprüchliche Werte gibt, dann auf das Sportfreude-Item ausweichen! Manchmal ist dieses aussagekräftiger. Wird auf die Sportfreude Bezug genommen, müssen die Befindensdimensionen Valenz und Aktivierung nicht erklärt werden.

3e. Empfehlungen für eine passende Sportaktivität abgeben

„Wir haben nun im Gespräch bereits etwas angeschnitten, wie eine Aktivität ausschauen könnte, damit sie passend für Sie ist. Sie haben erwähnt, dass es Ihnen wichtig ist, dass die Bewegungen nicht allzu abgehackt sind, sondern fließend ausgeführt werden können. Im Rahmen eines Forschungsprojektes haben wir uns überlegt, welche Aktivitäten für welchen Sporttyp interessant sein könnten. Möchten Sie mehr darüber wissen?/ Wären Sie einverstanden, wenn ich Ihnen erzähle, was bei Ihrem Sporttyp oftmals funktioniert hat? Sie wurden ja den figurbewussten Ästhetinnen und Ästheten zugeteilt. Für diesen Sporttyp könnten z. B. Kräftigungsübungen mit einer kompositorischen Komponente passend sein, wie etwa Pilates. Im Gegensatz zu Krafttraining an Geräten wird bei dieser Sportaktivität Wert daraufgelegt, dass die Bewegungen rund und fließend sind. Ein anderer Vorschlag wären tänzerische Aktivitäten, wie etwa Jazztanz. Bei dieser Aktivität steht noch etwas mehr der Ausdruck der Bewegung und auch deren Rhythmik im Vordergrund. Pilates wird oftmals in Studios oder Fitnesscentern angeboten. [...] Was halten Sie davon?/Was denken Sie darüber?“

Vor den Aktivitätsempfehlungen sollte zuerst die Erlaubnis eingeholt werden. Es ist eine autonomieförderliche Sprache zu verwenden. Also: nicht direktiv mitteilen, welche Aktivitäten dem Gegenüber zu gefallen haben, sondern Möglichkeiten aufzeigen („Vielleicht ist XY für Sie passend...“, „Wenn Sie möchten, könnten Sie mal XY ausprobieren...“). Die Entscheidung, was die Person schließlich macht, liegt zu 100 % bei ihr.

Die Erfahrung zeigt, dass es wichtig ist, nicht nur einen einzigen Aktivitätsvorschlag zu machen, sondern 2–3 Möglichkeiten anzubieten. Wird nur eine Aktivität empfohlen, ist die Chance einer Zurückweisung sehr viel größer. Die Vorschläge sollten von der Beraterin bzw. dem Berater begründet werden. Der Organisationskontext der Aktivität (z. B. Verein, Fitnesscenter, selbstorganisiert) kann an dieser Stelle bereits kurz angesprochen werden. Nach der ersten „Vorschlagsrunde“ wird die Person mit einer offenen Frage um eine Einschätzung gebeten. Anschließend sollte nochmals *aktiv zugehört* und allenfalls weitere Vorschläge gegeben werden. Bei der Abgabe von Aktivitätsempfehlungen wird auf die zuvor angeleitete Reflexion (Gesprächsbaustein 4a), die standardisierten Empfehlungen je Sporttyp und eigene Ideen zurückgegriffen (vgl. Anhang 7).

3f. Entwicklung eines Handlungsplans einleiten

„Sie haben gesagt, dass Pilates eine Aktivität ist, die Sie gerne ausprobieren möchten. Was sind die ersten Schritte, die Sie unternehmen könnten, um dieses Vorhaben umzusetzen? [...] Wo könnte es Pilates-Lektionen in Ihrer Umgebung geben? [...] Wann könnten Sie die Aktivität machen?/Wann könnten Sie sich die nötigen Informationen besorgen? [...]“

An dieser Stelle soll *gemeinsam* geplant werden, was wo und wann gemacht wird. Auch an dieser Stelle ist auf eine autonomieförderliche Sprache zu achten. Frage nicht: „Was müssen Sie unternehmen?“ Das klingt bedrängender als: „Was könnten Sie unternehmen?“.

Das „wo“ bezieht sich auf den organisationalen Kontext der Sportaktivität. Bei manchen Aktivitäten ist dies relativ simpel und muss womöglich nicht genauer diskutiert werden (z. B. Joggen im Wald). Bei anderen Aktivitäten muss der Kontext detaillierter besprochen werden, v. a. dann, wenn die Teilnehmenden die Aktivität zuvor noch nie ausgeübt haben (z. B. Pilates im Fitnessstudio in der Nähe des Arbeitsortes). Als Hilfestellung kann ein Übersichtsblatt mit den verschiedenen Sportanbietern genommen und allenfalls abgegeben werden.

Beim „wann“ geht es darum, nachzufragen, zu welchem Zeitpunkt die Teilnehmenden die Aktivität ausführen werden oder – falls noch zu wenig Angaben über den organisationalen Kontext vorliegen – wann die nötigen Informationen gesucht werden.

3g. Gesagtes zusammenfassen

„Lassen Sie mich zusammenfassen, was wir heute miteinander besprochen haben. Wir haben zuerst Ihr persönliches Motiv- und Zielprofil angeschaut und Ihren Sporttyp besprochen. Ihre Erfahrungen mit den unterschiedlichen Aktivitäten im Rehabilitationsprogramm haben wir genutzt, um darüber nachzudenken, welche Aktivitäten zu Ihnen passen könnten. In unserem Gespräch hat sich gezeigt, dass Pilates etwas ist, das Sie gerne einmal testen möchten. Zum Schluss haben wir noch diskutiert, dass Sie sich beim Fitnesscenter neben Ihrem Arbeitsplatz erkundigen möchten, ob es dort Pilates-Lektionen gibt."

Es soll ein Resümee des Gesprächs gemacht werden. Dabei wird Folgendes aufgegriffen: das Motivprofil, der Sporttyp, die Schnupperangebote, die aus dem Gespräch abgeleiteten passenden Sportaktivitäten sowie die ersten Schritte zur Umsetzung (Handlungsplan).

3h. Gesprächsabschluss und Vorschau auf den „Interventions-Booster"

„Nun sind wir am Ende des Gesprächs angelangt. Möchten Sie gerne noch etwas wissen? [...] Wir werden in ca. vier Wochen nochmals telefonisch Kontakt mit Ihnen aufnehmen, um Ihre zwischenzeitlichen Sporterfahrungen zu besprechen. Geht das für Sie in Ordnung?"

Person wird verabschiedet und die zentralen Gesprächsinhalte werden von der Beraterin bzw. vom Berater im vorbereiteten Dokument notiert.

4a. Eisbrecher und Ziele des „Interventions-Boosters" erläutern

„Hallo XY. Schön, dass es klappt mit dem gemeinsamen Telefongespräch. Haben Sie ein Plätzchen gefunden, an dem Sie ungestört telefonieren können? [...]

Ziel des heutigen Telefongesprächs ist, dass wir gemeinsam schauen, wo Sie zwischenzeitlich stehen und an welchen Stellen ich Sie allenfalls noch unterstützen kann."

4b. Rückblick auf die bisherige Beratung

„Sie haben bei uns am Beratungsevent teilgenommen. Dort haben wir Ihr persönliches Motiv- und Zielprofil angeschaut und Ihren Sporttyp besprochen. Es hat sich gezeigt, dass Ihnen die Verbesserung Ihres Körpergewichts und das ästhetische Erleben während des Sporttreibens besonders wichtig sind. Wir haben dann gemeinsam überlegt, welche Aktivitäten für Sie passend sein könnten – wir haben also nach Aktivitäten gesucht, die diese Motive ansprechen. In unserem Gespräch hat sich gezeigt, dass Pilates etwas ist, das Sie gerne einmal testen möchten. Zum Schluss haben wir noch diskutiert, dass Sie sich beim Fitnesscenter neben Ihrem Arbeitsplatz erkundigen könnten, ob es dort Pilates-Lektionen gibt."

Der gemeinsam erarbeitete Handlungsplan zur Informationsbeschaffung und/oder zur konkreten Sportaktivität soll an dieser Stelle nur grob angesprochen werden. Vor allem auf die Wiederholung des „wann" soll verzichtet werden, damit es nicht zu direktiv resp. kontrollierend wirkt. Ein Satz wie: „Sie haben sich vorgenommen, jeden Dienstag um 19:00 walken zu gehen" wäre also nicht angebracht.

4c. Erfragung der aktuellen Situation

Abhängig von der Art der Planung, welche im bisherigen Beratungsgespräch gemacht wurde, sollen unterschiedliche offene Fragen gestellt werden. Dadurch erfährt man, wo die Person aktuell steht und wie sie noch weiter unterstützt werden kann. Egal ob Variante A) oder B) gewählt wird: Nach der Antwort sollte man 1- bis 2-mal *aktiv zuhören*! Dadurch fühlt sich die Person nicht nur wahrgenommen, es wird auch sichergestellt, dass man sie richtig verstanden hat. Falls die Person zu wenig ausführlich berichtet, kann die zweite, inhaltlich ähnliche, offene Frage gestellt werden. Ob Variante A) oder B) gewählt wird, hängt mit dem gemeinsam erstellten Handlungsplan zusammen (vgl. Gesprächsbaustein 4f). „Sportaktivität" kann bei den Fragen ersetzt werden mit der konkreten Aktivität, z. B. Pilates.

Variante A): Informationsbeschaffung wurde geplant

„Erzählen Sie mal: Wie ist es Ihnen bei der Beschaffung der Informationen zur *Sportaktivität* ergangen?/Inwiefern konnten Sie die Informationen zur *Sportaktivität* beschaffen?"

Variante B): Konkrete Sportaktivität wurde geplant

„Erzählen Sie mal: Wie ist es Ihnen mit der *Sportaktivität* ergangen?/Welche Erfahrungen konnten Sie in der *Sportaktivität* sammeln?"

4d. Passende Unterstützung identifizieren und anbieten

Abhängig von der Antwort des Teilnehmenden auf die offenen Fragen oben (vgl. Gesprächsbaustein 5c), wird für den weiteren Gesprächsverlauf die passende Variante A)–C) ausgewählt. Auch bei diesem Gesprächsbaustein soll – wenn immer passend – aktiv zugehört werden.

Variante A): Keine Informationen wurden beschafft

Die Person hat keine der geplanten Aktivitäten zur Informationsbeschaffung umgesetzt. In dieser Situation geht es darum herauszufinden, ob die Person überhaupt noch am Ziel, die besprochene Sportaktivität auszuführen, festhält. Abhängig von der Antwort auf die Frage unten wird entweder die Informationsbeschaffung erneut geplant oder dann eine neue Sportaktivität gesucht und geplant.

„Inwieweit möchten Sie die angedachte Sportaktivität noch ausprobieren?"

Variante B): Informationen wurden beschafft, aber konkrete Sportaktivität wurde nicht umgesetzt:

Die Person hat die nötigen Informationen beschafft und z. B. ein passendes Angebot gefunden. Jedoch hat sie die konkrete Sportaktivität noch nicht ausprobiert. Beispiel: Die Aktivität konnte nicht in den (Arbeits-)Alltag integriert werden. In dieser Situation soll die konkrete Sportaktivität (erneut oder erstmals) geplant werden.

„Vielen Personen hilft es, einen konkreten Plan für eine sportliche Aktivität aufzustellen. Durch die Planung geht die Sportaktivität im Alltag weniger vergessen. Im Plan wird festgelegt, was man wo, wann und mit wem macht. Wollen wir gemeinsam versuchen, es zu planen?

Über das *Was* haben wir ja bereits gesprochen, Sie haben mir am Beratungsevent gesagt, dass Pilates etwas ist, das Sie gerne ausprobieren möchten.

Wo könnten Sie die Aktivität durchführen? [...]
Wann könnten Sie die Aktivität durchführen? [...]

Einige Personen schreiben sich den geplanten Termin auch in die Agenda ein, damit sie sich daran erinnern. Dadurch erhält er auch eine gewisse Priorität."

Variante C): Informationen wurden beschafft und/oder konkrete Sportaktivität wurde umgesetzt

Die Person hat die nötigen Informationen beschafft und/oder hat die konkrete Sportaktivität mind. einmal umgesetzt. In dieser Situation geht es zunächst darum, gemeinsam mit der Person über die Passung und die Anreize der Sportaktivität zu reflektieren.

„Inwieweit hat Ihnen die Sportaktivität gefallen?

Welche Merkmale der Aktivität waren entscheidend, dass es Ihnen gefallen hat?/Warum hat sie Ihnen gefallen?

Welche Merkmale der Aktivität waren entscheidend, dass es Ihnen nicht gefallen hat?/ Warum hat sie Ihnen nicht gefallen?"

Falls die Aktivität der Person nicht gefallen hat, wird basierend auf den oben genannten offenen Fragen gemeinsam eine leicht angepasste/neue Sportaktivität erarbeitet. Vom Prinzip her wird gleich vorgegangen wie in den Gesprächsbausteinen 4a–4f. Falls die Aktivität der Person gefallen hat, wird eine Bewältigungsplanung mit der Person durchgeführt.

„Auch wenn man sich vornimmt, sportlich aktiv zu sein, kommt es manchmal vor, dass man die guten Vorsätze im Alltag nicht umsetzt, weil

Hindernisse auftauchen (z. B. wegen Regen gehe ich nicht wie angedacht joggen). Es hilft, sich frühzeitig über die Hindernisse, die einem persönlich vom Sporttreiben abhalten, Gedanken zu machen. Darauf aufbauend kann man sich dann konkrete Strategien überlegen, wie man solche kritischen Situationen meistern kann.

Welche Hindernisse und Schwierigkeiten machen/machten es Ihnen schwer, die geplanten Sportaktivitäten in die Tat umzusetzen?

Wie können Sie diese kritische Situation zukünftig überwinden, sodass Sie trotzdem aktiv sind?"

Bei der Bewältigungsplanung werden zunächst Hindernisse identifiziert und darauf aufbauend Bewältigungsstrategien abgeleitet. Die zwei oben aufgelisteten Fragen bauen logisch aufeinander auf. Sie sollen daher genau in dieser Reihenfolge gestellt und bearbeitet werden. Die von der Person genannten Hindernisse und Bewältigungsstrategien werden von der Beraterin bzw. vom Berater notiert. Die Notizen werden genutzt, um am Ende des Gesprächs das Gesagte nochmals zusammenzufassen.

4e. Gesagtes zusammenfassen

Es soll ein kurzes Resümee des Telefongesprächs gemacht werden. Dabei werden abhängig vom Gesprächsinhalt verschiedene Punkte aufgegriffen, z. B.:

Was wurde zur Planung, Informationsbeschaffung oder Sportaktivität besprochen? Welche Schwierigkeiten sind aufgetreten?

Wie sieht die Handlungsplanung aus?

Welche Handlungsbarrieren hat die Person erwähnt?

Welche Bewältigungsstrategien könnte die Person dafür anwenden?

„Ich fasse kurz zusammen, was wir miteinander besprochen haben. Sie haben mir erzählt, dass Sie Informationen zu Pilates-Lektionen online gesucht haben, dabei aber nicht auf etwas Passendes in Ihrer Nähe gestoßen sind. Wir haben dann gemeinsam Jazzdance als Alternative festgelegt, weil die Umsetzung von Pilates organisatorisch für Sie schwierig ist. Weil es für ein regelmäßiges Dranbleiben wichtig ist, die Sportaktivität konkret zu planen, haben wir gemeinsam beschlossen, dass Sie im Internet passende Jazzdance-Lektionen suchen und diese ausprobieren.

Nun sind wir am Ende des Gesprächs angelangt. Haben Sie noch ein Anliegen/einen offenen Punkt? [...]

Dann bedanke ich mich herzlich für das Telefonat und wünsche Ihnen einen guten Tag."

Anhang 6: Kurzbefragung während der Schnuppersportangebote

a) Erfragung des aktuellen Wohlbefindens (Valenz, Aktivierung) und der Sportfreude
Während körperlicher Aktivität ist es üblich, dass man Stimmungsveränderungen erlebt. Einige Menschen finden körperliche Aktivität angenehm, während andere sie als unangenehm empfinden. Darüber hinaus kann das Befinden mit der Zeit schwanken. Das bedeutet, man kann sich während der körperlichen Aktivität mehrmals gut oder schlecht fühlen. Wissenschaftler haben diese Skala entwickelt, um diese Veränderungen des Befindens zu messen. Beurteilen Sie hier, wie Sie sich derzeit fühlen (Hardy & Rejeski, 1989; Maibach et al., 2020).

+5	sehr gut
+4	
+3	gut
+2	
+1	eher gut
0	neutral
-1	eher schlecht
-2	
-3	schlecht
-4	
-5	sehr schlecht

Beurteilen Sie hier, wie aktiviert Sie sich **derzeit** fühlen. Mit „aktiviert" ist gemeint, wie „aufgebracht" oder „angespannt" Sie sich fühlen. Sie können hohe Aktivierung in einer Vielzahl von Möglichkeiten erleben, beispielsweise als **Aufregung, Angst oder Ärger**. Niedrige Aktivierung kann von Ihnen ebenfalls in einer von einer Reihe von Möglichkeiten erlebt werden, beispielsweise als **Entspannung, Langeweile oder Gelassenheit** (Maibach et al., 2020; Svebak & Murgatroyd, 1985).

6	hohe Aktivierung
5	
4	
3	
2	
1	niedrige Aktivierung

Beurteilen Sie hier, wie sehr Ihnen die körperliche Aktivität Freude bereitet hat. Bitte antworten Sie mit einem senkrechten Strich (|) über die Linie (Stanley et al., 2009).

gar nicht |————————————| sehr

b) Erfragung der Erfahrungen bzw. der wahrgenommenen Anreize der Schnuppersportangebote
Welche Erfahrungen haben Sie bei der Sportaktivität gemacht? (Schmid et al., 2021)

	trifft nicht zu				**trifft sehr zu**
Ich habe schöne Bewegungen erlebt.	☐1	☐2	☐3	☐4	☐5
Ich konnte neue Energie tanken.	☐1	☐2	☐3	☐4	☐5
Ich konnte etwas tun, um mich in körperlich guter Verfassung zu halten.	☐1	☐2	☐3	☐4	☐5
Ich konnte mit anderen gesellig zusammen sein.	☐1	☐2	☐3	☐4	☐5
Ich konnte etwas tun, um meinen Gesundheitszustand zu verbessern.	☐1	☐2	☐3	☐4	☐5
Ich konnte mich beim Sporttreiben mit anderen messen.	☐1	☐2	☐3	☐4	☐5
Ich konnte Stress abbauen.	☐1	☐2	☐3	☐4	☐5
Ich konnte etwas tun, um mein Gewicht zu regulieren.	☐1	☐2	☐3	☐4	☐5
Ich konnte etwas für meine körperliche Fitness tun.	☐1	☐2	☐3	☐4	☐5
Ich konnte Menschen kennenlernen.	☐1	☐2	☐3	☐4	☐5
Ich konnte mich entspannen.	☐1	☐2	☐3	☐4	☐5
Ich konnte etwas tun, um körperlichen Beschwerden entgegenzuwirken.	☐1	☐2	☐3	☐4	☐5
Ich konnte etwas tun, um meine sportlichen Ziele zu erreichen.	☐1	☐2	☐3	☐4	☐5
Ich konnte meine Gedanken im Kopf ordnen.	☐1	☐2	☐3	☐4	☐5
Ich konnte etwas für meine Figur tun.	☐1	☐2	☐3	☐4	☐5

Anhang 7: Übersicht über die Aktivitätsempfehlungen für einzelne Sporttypen

Kontaktfreudige Sportlerinnen und Sportler	„Zweckfrei“ Sportbegeisterte	Gesundheits- und Figurorientierte
Spielorientierte Aktivitäten z. B. Badminton, Fußball, Tennis, Streetball • Spiele ermöglichen, sich mit anderen zu messen • Spiele fördern Kontakt, geselliges Miteinander Ausdaueraktivitäten z. B. Joggen, Biken, Schwimmen, Wandern, Skilanglaufen • Aktivität zu zweit oder in der Gruppe durchführen fördert Kontakt • Aktivität draußen fördert das Tanken von Energie und die Entspannung Kleiner (Breitensport-) Wettkampf z. B. Team-Triathlon, Volkslauf	Spielorientierte Aktivitäten (eher für Männer) z. B. Badminton, Fußball, Tennis, Streetball • Spiele fördern Kontakt, geselliges Miteinander • Gelungene Technik-Bewegungssequenzen ermöglichen Ästhetikerleben z. B. gut getimter Tennisaufschlag Ausdaueraktivitäten z. B. Joggen, Biken, Schwimmen, Skilanglaufen • Aktivität zu zweit oder in der Gruppe durchführen fördert Kontakt • Runde, rhythmische Bewegungsformen ermöglichen Ästhetikerleben z. B. leichtfüßiger Gang beim Joggen Tänzerische Aktivitäten mit gestalterischen Elementen (eher für Frauen) z. B. Capoeira, Jazztanz, Salsa, zeitgenössischer Tanz • Aktivität zu zweit oder in der Gruppe durchführen fördert Kontakt • Bewegungen zur Musik ausführen fördert Ästhetikerleben • Aufmerksamkeit auf Rhythmus der Bewegung lenken fördert Ästhetikerleben	Ganzheitliche Kräftigungsübungen an Geräten oder mit eigenem Körpergewicht • Durch erhöhten Energieumsatz positive Auswirkungen auf Körpergewicht resp. Figur • Gesundheitlichen Beschwerden (z. B. Rückenschmerzen) kann vorgebeugt werden Schonende Ausdaueraktivitäten z. B. Aqua-Fit, Walking, Fahrradfahren • Durch erhöhten Energieumsatz positive Auswirkungen auf Körpergewicht • Gesundheitliche Risiken (z. B. Herz-Kreislauf-Erkrankung) können reduziert werden Für Beginner: Dosierung wichtig • Intensität wählen, bei der man sich während der Aktivität noch gut fühlt Derartiges Gesundheitssport-Angebot gibt es vielfach in Vereinen oder Volkshochschulen • Fixer Termin hilft, dranzubleiben

Figurorientierte Stressreguliererinnen und -regulierer	Aktiv-Erholerinnen und -Erholer	Figurbewusste Gesellige
Fitnessaktivitäten z. B. Krafttrainings-Zirkel, Bodyforming, Kondi-Training, Fit-Boxen • Durch erhöhten Energieumsatz positive Auswirkungen auf Körpergewicht • Fitnessaktivitäten ermöglichen, sich auszupowern und „abzureagieren“ Entspannungsorientierte Aktivitäten z. B. Progressive Muskelrelaxation, Autogenes Training, längere Dehnsequenzen • Aufmerksamkeit auf sich und eigenen Körper lenken (z. B. Atmung) fördert Entspannung bzw. Stressreduktion • Stille Umgebung wichtig für Entspannung bzw. Stressreduktion Für ideale Wirkung werden die beiden **Aktivitätsformen** (Belastung/Fitnessaktivitäten und Entspannung) **in einem Training kombiniert**! Vergleichbares Angebot findet man vielfach in **Fitnesscentren**. Das Training kann aber auch selbstorganisiert so gestaltet werden, indem z. B. der **Vitaparcours** mit einer längeren Dehnsequenz und/oder einigen Atemübungen abgeschlossen wird	Ausdaueraktivitäten z. B. Joggen, Biken, Schwimmen, Wandern, Skilanglaufen • Aktivität draußen fördert das Tanken von Energie und die Stressreduktion • Alleine oder in sehr klein gehaltenen Gruppen, weil relativ tiefes Kontaktmotiv • Ausdaueraktivität mit längerer Dehnsequenz abschließen fördert die Stressreduktion Fitnessaktivitäten z. B. Vita-Parcours, Krafttrainings-Zirkel, Bodyforming, Kondi-Training, Fit-Boxen • Fitnessaktivitäten ermöglichen, sich auszupowern und „abzureagieren“ Vergleichbares Angebot findet man vielfach in **Fitnesscentren**	Ganzheitliche Kräftigungsübungen an Geräten oder mit eigenem Körpergewicht • Durch erhöhten Energieumsatz positive Auswirkungen auf Körpergewicht resp. Figur • Gesundheitlichen Beschwerden (z. B. Rückenschmerzen) kann vorgebeugt werden Spielerische, schonende Ausdaueraktivitäten z. B. Laufspiele wie Memory-Lauf, Run-and-Bike • Durch erhöhten Energieumsatz positive Auswirkungen auf Körpergewicht • Aktivität zu zweit oder in der Gruppe durchführen fördert Kontakt Kleine Spiele z. B. Völkerball-Formen, Schnappball, Tupfball • Spiele fördern Kontakt, geselliges Miteinander Für Beginner: Dosierung wichtig • Intensität wählen, bei der man sich während der Aktivität noch gut fühlt Derartiges Gesundheitssport-Angebot gibt es vielfach in Vereinen oder Volkshochschulen • Geselliges Miteinander in Gruppe • Fixer Termin hilft, dranzubleiben

Erholungssuchende Sportlerinnen und Sportler	Figurbewusste Ästhetinnen und Ästheten	Erholungssuchende Fitnessorientierte
Ausdaueraktivitäten z. B. Joggen, Biken, Schwimmen, Wandern, Skilanglaufen • Aktivität draußen fördert das Tanken von Energie und die Entspannung • Ausdaueraktivität mit längerer Dehnsequenz abschließen fördert die Stressreduktion. Aufmerksamkeit auf sich und eigenen Körper lenken (z. B. Atmung) • Runde, rhythmische Bewegungsformen ermöglichen Ästhetikerleben z. B. leichtfüßiger Gang beim Joggen **Spielorientierte Aktivitäten** z. B. Badminton, Fussball, Tennis, Streetball • Gelungene Technik-Bewegungssequenzen ermöglichen Ästhetikerleben (z. B. gut getimter Tennis-Aufschlag) • Durch Eintauchen oder Vertiefen in Spiele (z. B. Zeit vergessen) kann man sich vom Alltag ablenken	**Tänzerische Aktivitäten** z. B. Capoeira, Jazztanz, Salsa, zeitgenössischer Tanz • Bewegungen zur Musik ausführen fördert Ästhetikerleben • Aufmerksamkeit auf Rhythmus der Bewegung lenken fördert Ästhetikerleben **„Tänzerisches“ Krafttraining** z. B. Pilates, Power-Yoga, Dance Fit, Deep Work • Durch erhöhten Energieumsatz positive Auswirkungen auf Körpergewicht resp. Figur • Im Unterschied zu herkömmlichem Krafttraining z. B. an Geräten sind es runde, rhythmische Bewegungsformen und ermöglichen Ästhetikerleben **Ausdaueraktivitäten** z. B. Joggen, Biken, Schwimmen, Skilanglaufen • Runde, rhythmische Bewegungsformen ermöglichen Ästhetikerleben (z. B. leichtfüßiger Gang beim Joggen) • Durch erhöhten Energieumsatz positive Auswirkungen auf Körpergewicht resp. Figur	**Ausdaueraktivitäten** z. B. Joggen, Biken, Schwimmen, Wandern, Skilanglaufen • Aktivität draußen fördert das Tanken von Energie und die Stressreduktion • Alleine oder in sehr klein gehaltenen Gruppen, weil relativ tiefes Kontaktmotiv • Ausdaueraktivität mit längerer Dehnsequenz abschließen fördert die Stressreduktion **Fitnessaktivitäten** z. B. Vita-Parcours, Krafttrainings-Zirkel, Bodyforming, Kondi-Training, Fit-Boxen • Fitnessaktivitäten ermöglichen, sich auszupowern und „abzureagieren“ Vergleichbares Angebot findet man vielfach in Fitnesscentren.

Autorinnen und Autoren

PD Dr. Julia Schmid
Dozentin für Gesundheitsförderung am Institut für Sportwissenschaft der Universität Bern, Schweiz. Forschungsschwerpunkte: Motivation zur regelmäßigen sportlichen Aktivität, maßgeschneiderte Sport- und Bewegungsförderung, körperliche Aktivität und affektives Wohlbefinden.

Dr. Vanessa Gut
Lehr- und Forschungsbeauftragte an der Fakultät für Gesundheitswissenschaften und Medizin der Universität Luzern, Schweiz. Forschungsschwerpunkte: motivational-volitionale Faktoren der Bewegungs- und Sportförderung, Einfluss kritischer Lebensereignisse und Transitionen auf die körperliche Aktivität und die Gesundheit.

Dr. Nina Schorno
Wissenschaftliche Mitarbeiterin an der Universitätsklinik für Diabetologie, Endokrinologie, Ernährungsmedizin und Metabolismus UDEM, Inselspital Bern, Universitätsspital Bern, Universität Bern, Schweiz. Forschungsschwerpunkte: Motivation zur regelmäßigen sportlichen Aktivität, maßgeschneiderte Sport- und Bewegungsförderung.

Prof. Dr. Gorden Sudeck
Ordinarius für Bildungs- und Gesundheitsforschung im Sport am Institut für Sportwissenschaft der Universität Tübingen, Deutschland. Forschungsschwerpunkte: Verhaltens- und verhältnisorientierte Bewegungs- und Gesundheitsförderung, individuelle biopsychosoziale Reaktionen auf körperliche Aktivität, Gesundheitsbildung und Gesundheitskompetenz, Bewegung in der Rehabilitations- und Versorgungsforschung.

Prof. Dr. Achim Conzelmann
Ordinarius für Sportwissenschaft mit den Schwerpunkten Sportpsychologie und Forschungsmethoden am Institut für Sportwissenschaft der Universität Bern, Schweiz. Forschungsschwerpunkte: Talentforschung, Sport und Persönlichkeitsentwicklung, motorische Entwicklung in der Lebensspanne, differenzielle Aspekte einer gelingenden Entwicklung durch Sport.

Literatur

Austin, J. T.& Vancouver, J. B. (1996). Goal constructs in psychology: Structure, process, and content. *Psychological Bulletin, 120* (3), 338–375. https://doi.org/10.1037/0033-2909.120.3.338

Backes, G. & Clemens, W. (2008). *Lebensphase Alter: eine Einführung in die sozialwissenschaftliche Alternsforschung* (3. Aufl.). Weinheim: Juventa.

Balbim, G. M., Falck, R. S., Barha, C. K., Starkey, S. Y., Bullock, A., Davis, J. C. et al. (2022). Effects of exercise training on the cognitive function of older adults with different types of dementia: A systematic review and meta-analysis. *British Journal of Sports Medicine, 56* (16), 933–940. https://doi.org/10.1136/bjsports-2021-104955

Bélanger-Gravel, A., Godin, G. & Amireault, S. (2013). A meta-analytic review of the effect of implementation intentions on physical activity. *Health Psychology Review, 7* (1), 23–54. https://doi.org/10.1080/17437199.2011.560095

Bergman, L. R. & Lundh, L.-G. (2015). Introduction. The person-oriented approach: Roots and roads to the future. *Journal for Person-Oriented Research, 1* (1–2), 1–6.

Broekhuizen, K., Kroeze, W., van Poppel, M., Oenema, A. & Brug, J. (2012). A systematic review of randomized controlled trials on the effectiveness of computer-tailored physical activity and dietary behavior promotion programs: An update. *Annals of Behavioral Medicine, 44* (2), 259–286. https://doi.org/10.1007/s12160-012-9384-3

Brunstein, J. C. (2010). Implizite und explizite Motive. In J. Heckhausen & H. Heckhausen (Hrsg.), *Motivation und Handeln* (4. Aufl., S. 237–255). Berlin: Springer.

Brunstein, J. C., Maier, G. W. & Dargel, A. (2007). Persönliche Ziele und Lebenspläne: subjektives Wohlbefinden und proaktive Entwicklung im Lebenslauf. In J. Brandtstädter & U. Lindenberger (Hrsg.), *Entwicklungspsychologie der Lebensspanne: Ein Lehrbuch* (S. 270–304). Stuttgart: Kohlhammer.

Buecker, S., Simacek, T., Ingwersen, B., Terwiel, S. & Simonsmeier, B. A. (2020). Physical activity and subjective well-being in healthy individuals: A meta-analytic review. *Health Psychology Review, 15* (4), 574–592.

Bundesministerium Gesundheit. (2006). *Jeden Tag 3000 Schritte extra: Deutschland wird fit. Gehen Sie mit.* Berlin: Bundesministerium für Gesundheit.

Conzelmann, A. (2011). Die Zielgruppe der Erwachsenen aus Entwicklungs- und differentieller Perspektive. In Bundesamt für Sport (Hrsg.), *Lehrmittel Erwachsenensport* (S. 1–22). Magglingen: Bundesamt für Sport.

Ebner, N. C., Freund, A. M. & Baltes, P. B. (2006). Developmental changes in personal goal orientation from young to late adulthood: From striving for gains to maintenance and prevention of losses. *Psychology and Aging, 21* (4), 664–678. https://doi.org/10.1037/0882-7974.21.4.664

European Commission. (2018). *Special Eurobarometer. Sport and physical activity: Report* (Vol. 472). Brussels: European Commission.

Falck, R. S., Davis, J. C., Best, J. R., Crockett, R. A. & Liu-Ambrose, T. (2019). Impact of exercise training on physical and cognitive function among older adults: A systematic review and meta-analysis. *Neurobiology of Aging, 79*, 119–130. https://doi.org/10.1016/j.neurobiolaging.2019.03.007

Filipp, S.-H. & Aymanns, P. (2018). *Kritische Lebensereignisse und Lebenskrisen: vom Umgang mit den Schattenseiten des Lebens* (2. aktualisierte Aufl.). Stutgart: Kohlhammer. https://doi.org/10.17433/978-3-17-032919-5

Freund, A. M. & Nikitin, J. (2018). Junges und mittleres Erwachsenenalter. In W. Schneider & U. Lindenberger (Hrsg.), *Entwicklungspsychologie* (8. Aufl., S. 265–290). Weinheim: Beltz.

Fuchs, R. (2003). *Sport, Gesundheit und Public Health*. Göttingen: Hogrefe.

Fuchs, R., Klaperski, S., Gerber, M. & Seelig, H. (2015). Messung der Bewegungs- und Sportaktivität mit dem BSA-Fragebogen: eine methodische Zwischenbilanz. *Zeitschrift für Gesundheitspsychologie, 23*, 60–76. https://doi.org/10.1026/0943-8149/a000137

Fuchs, R., Seelig, H., Göhner, W., Schlatterer, M. & Ntoumanis, N. (2016). The two sides of goal intentions: Intention self-concordance and intention strength as predictors of physical activity. *Psychology & Health, 32* (1), 110–126.

Gillison, F. B., Rouse, P., Standage, M., Sebire, S. J. & Ryan, R. M. (2019). A meta-analysis of techniques to promote motivation for health behaviour change from a self-determination theory perspective. *Health Psychology Review, 13* (1), 110–130. https://doi.org/10.1080/17437199.2018.1534071

Granacher, U., Mechling, H. & Voelcker-Rehage, C. (Hrsg.). (2018). *Handbuch Bewegungs- und Sportgerontologie*. Schorndorf: Hofmann.

Grupe, O. (2000). *Vom Sinn des Sports: kulturelle, pädagogische und ethische Aspekte. Reihe Sportwissenschaft: Vol. 25*. Schorndorf: Karl Hofmann.

Gunnell, K. E., Crocker, P. R., Mack, D. E., Wilson, P. M. & Zumbo, B. D. (2014). Goal contents, motivation, psychological need satisfaction, wellbeing and physical activity: A test of Self-Determination Theory over 6 months. *Psychology of Sport and Exercise, 15* (1), 19–29. https://doi.org/10.1016/j.psychsport.2013.08.005

Gut, V., Schmid, J., Schmid, J. & Conzelmann, A. (2018, Juni). *Stability of exercise and sport-related motive and goal patterns among adolescents: presentation at the international PhD program Bern-Tübingen „interdisciplinary sport science"*. 2nd Summer School in St.Moritz, St. Moritz.

Gut, V., Schmid, J. & Conzelmann, A. (2019). The Bernese Motive and Goal Inventory for adolescence and young adulthood. *Frontiers in Psychology, 9*, 1. https://doi.org/10.3389/fpsyg.2018.02785

Gut, V., Schmid, J., Imbach, L. & Conzelmann, A. (2022). Stability of context in sport and exercise across educational transitions in adolescence: Hello work, goodbye sport club? *BMC Public Health, 22* (1), 152. https://doi.org/10.1186/s12889-021-12471-4

Guthold, R., Stevens, G. A., Riley, L. M. & Bull, F. C. (2018). Worldwide trends in insufficient physical activity from 2001 to 2016: A pooled analysis of 358 population-based surveys with 1·9 million participants. *The Lancet Global Health, 6* (10), e1077-e1086. https://doi.org/10.1016/S2214-109X(18)30357-7

Hardy, C. J. & Rejeski, W. J. (1989). Not what, but how one feels: The measurement of affect during exercise. *Journal of Sport & Exercise Psychology, 11*, 304–317. https://doi.org/10.1123/jsep.11.3.304

Havighurst, R. J. (1972). *Developmental tasks and education* (3rd ed.). New York: McKay.

Hawkins, R. P., Kreuter, M. W., Resnicow, K., Fishbein, M. & Dijkstra, A. (2008). Understanding tailoring in communicating about health. *Health Education Research, 23* (3), 454–466. https://doi.org/10.1093/her/cyn004

Huber, G. & Sudeck, G. (2014). *Entwicklung einer person-orientierten Bewegungstherapie in der medizinischen Rehabilitation: Projektbericht*. Heidelberg/Tübingen: Universität Heidelberg & Universität Tübingen.

Huber, O. (2019). *Das psychologische Experiment: eine Einführung* (7., überarbeitete Auflage). Bern: Hogrefe. https://doi.org/10.1024/86010-000

Kahneman, D. (1999). Objective happiness. In D. Kahneman, E. Diener & N. Schwarz (Eds.), *Well-being: Foundations of hedonic psychology* (pp. 3–25). New York: Russell-Sage.

Kleinbeck, U. (2010). Handlungsziele. In J. Heckhausen & H. Heckhausen (Eds.), *Motivation und Handeln* (4. überarbeitete und erw. Auflage). Berlin: Springer.

Kotler, P., Keller, K. L. & Opresnik, M. O. (Hrsg.). (2017). *Marketing-Management: Konzepte-Instrumente-Unternehmensfallstudien* (15. Aufl.). München: Pearson Studium.

Lamprecht, M., Bürgi, R. & Stamm, H. P. (2020). *Sport Schweiz 2020: Sportaktivität und Sportinteresse der Schweizer Bevölkerung*. Magglingen: Bundesamt für Sport.

Lamprecht, M., Bürgi, R. & Nagel, S. (2022). Aktuelle Entwicklungen und Trends im Sport. In M. Lamprecht & S. Nagel (Hrsg.), *Sportsoziologie. Einführung* (S. 41–62). Baden-Baden: Academia; Nomos Verlagsgesellschaft

Lehnert, K., Sudeck, G. & Conzelmann, A. (2011). BMZI – Berner Motiv- und Zielinventar im Freizeit- und Gesundheitssport. *Diagnostica, 57*, 146–159. https://doi.org/10.1026/0012-1924/a000043

Liao, Y., Shonkoff, E.T. & Dunton, G.F. (2015). The acute relationships between affect, physical feeling states, and physical activity in daily life: A review of current evidence. *Frontiers in Psychology, 6*, 1975. https://doi.org/10.3389/fpsyg.2015.01975

Lindenberger, U. & Schäfer, S. (2008). Erwachsenenalter und Alter. In R. Oerter & L. Montada (Hrsg.), *Entwicklungspsychologie* (6. Aufl., S. 366–409). Weinheim: Beltz.

Maciejewski, M.L. (2020). Quasi-experimental design. *Biostatistics & Epidemiology, 4* (1), 38–47. https://doi.org/10.1080/24709360.2018.1477468

Maibach, M., Niedermeier, M., Sudeck, G. & Kopp, M. (2020). Erfassung unmittelbarer affektiver Reaktionen auf körperliche Aktivität. *Zeitschrift für Sportpsychologie, 27*, 4–12. https://doi.org/10.1026/1612-5010/a000291

Michaud, P.-A., Chossis, I., & Suris, J.-C. (2006). Health-related behaviour: Current situation, trends, and prevention. In S. Jackson & L. Goossens (Hrsg.), *Handbook of adolescent development* (S. 284–307). New York: Psychology Press.

Michie, S., Richardson, M., Johnston, M., Abraham, C., Francis, J., Hardeman, W. et al. (2013). The behavior change technique taxonomy (v1) of 93 hierarchically clustered techniques: Building an international consensus for the reporting of behavior change interventions. *Annals of Behavioral Medicine, 46* (1), 81–95. https://doi.org/10.1037/e576662013-001

Miller, W.R. & Rollnick, S. (2015). *Motivierende Gesprächsführung* (3. Aufl.). Freiburg im Breisgau: Lambertus.

Northey, J.M., Cherbuin, N., Pumpa, K.L., Smee, D.J. & Rattray, B. (2018). Exercise interventions for cognitive function in adults older than 50: A systematic review with meta-analysis. *British Journal of Sports Medicine, 52* (3), 154–160. https://doi.org/10.1136/bjsports-2016-096587

Peters, D.h., Adam, T., Alonge, O., Agyepong, I.A. & Tran, N. (2014). Implementation research: What it is and how to do it. *British Journal of Sports Medicine, 48* (8), 731–736. https://doi.org/10.1136/bmj.f6753

Pharo, H., Sim, C., Graham, M., Gross, J. & Hayne, H. (2011). Risky business: Executive function, personality, and reckless behavior during adolescence and emerging adulthood. *Behavioral Neuroscience, 125* (6), 970–978. https://doi.org/10.1037/a0025768

Reiner, M., Niermann, C., Jekauc, D. & Woll, A. (2013). Long-term health benefits of physical activity – a systematic review of longitudinal studies. *BMC Public Health, 13* (1), 1–9. https://doi.org/10.1186/1471-2458-13-813

Rheinberg, F. & Engeser, S. (2010). Motive training and motivational competence. In O.C. Schultheiss & J.C. Brunstein (Eds.), *Implicit motives* (pp. 510–548). Oxford: Oxford University Press.

Rheinberg, F. & Vollmeyer, R. (2012). *Motivation* (8. Aufl.). Stuttgart: Kohlhammer.

Rhodes, R.E. & Kates, A. (2015). Can the affective response to exercise predict future motives and physical activity behavior? A systematic review of published evidence. *Annals of Behavioral Medicine, 49* (5), 715–731. https://doi.org/10.1007/s12160-015-9704-5

Rodgers, W.M., Hall, C.R., Duncan, L.R., Pearson, E. & Milne, M.I. (2010). Becoming a regular exerciser: Examining change in behavioural regulations among exercise initiates. *Psychology of Sport and Exercise, 11* (5), 378–386. https://doi.org/10.1016/j.psychsport.2010.04.007

Rodham, K., Brewer, H., Mistral, W. & Stallard, P. (2006). Adolescents' perception of risk and challenge: A qualitative study. *Journal of Adolescence, 29*, 261–272. https://doi.org/10.1016/j.adolescence.2005.05.012

Rubak, S., Sandbæk, A., Lauritzen, T. & Christensen, B. (2005). Motivational interviewing: A systematic review and meta-analysis. *British Journal of General Practice, 55* (513), 305–312.

Rudolf, M. & Buse, J. (2020). *Multivariate Verfahren: eine praxisorientierte Einführung mit Anwendungsbeispielen* (3., überarbeitete Auflage). Göttingen: Hogrefe. https://doi.org/10.1026/02900-000

Ryan, R.M. & Deci, E.L. (2002). Overview of self-determination theory: An organismic dialectical perspective. In R.M. Deci (Hrsg.), *Handbook of self-determination research* (S. 3-33). Rochester: University of Rochester Press.

Schimmack, U. & Grob, A. (2000). Dimensional models of core affect: A quantitative comparison by means of structural equation modeling. *European Journal of Personality, 14* (4), 325–345. https://doi.org/10.1002/1099-0984(200007/08)14:4<325::AID-PER380>3.0.CO;2-I

Schmid, J., Gut, V., Conzelmann, A. & Sudeck, G. (2018). Bernese motive and goal inventory in exercise and sport: validation of an updated version of the questionnaire. *PLoS ONE, 13* (2), e0193214. https://doi.org/10.1371/journal.pone.0193214

Schmid, J., Gut, V., Schorno, N., Yanagida, T. & Conzelmann, A. (2021). Within-person variation of affective well-being during and after exercise: Does the person-exercise fit matter? *International Journal of Environmental Research and Public Health, 18* (2), 549. https://doi.org/10.3390/ijerph18020549

Schmid, J., Gut, V., Yanagida, T. & Conzelmann, A. (2020). Who stays on? The link between psychosocial patterns and changes in exercise and sport behaviour when adolescents make transitions in education. *Applied Psychology: Health and Well-Being, 12* (2), 312–334.

Schmid, J., Molinari, V., Lehnert, K., Sudeck, G. & Conzelmann, A. (2014). BMZI-HEA: Adaptation des Berner Motiv- und Zielinventars im Freizeit- und Gesundheitssport für Menschen im höheren Erwachsenenalter [BMZI-HEA. Adapting the Bernese Motive and Goal Inventory in leisure and health sports for people in late adulthood]. *Zeitschrift für Gesundheitspsychologie, 22*, 104–117. https://doi.org/10.1026/0943-8149/a000119

Schmid, J., Schorno, N., Groux, A., Giachino, D., Zehetner, J., Nett, P. et al. (2023). Fostering physical activity-related health competence after bariatric surgery with a multimodal exercise programme: a randomised controlled trial. *Journal of Behavioral Medicine*. Advance online publication. https://doi.org/10.1007/s10865-023-00398-7

Schmid, J., Schorno, N., Gut, V., Sudeck, G. & Conzelmann, A. (2020). „What Type of Activity Suits Me?": Development and implementation of the exercise and sport counseling approach COMET. *Zeitschrift Für Sportpsychologie, 27* (4), 127–138. https://doi.org/10.1026/1612-5010/a000309

Schmid, J., Sudeck, G. & Conzelmann, A. (2015, Februar). Zur Stabilität von Motiv- und Zielprofilen im Freizeit- und Gesundheitssport. In Sportwissenschaftliche Gesellschaft Schweiz. *7. Jahrestagung der SGS: Book of abstracts* (S. 94). Symposium conducted at the meeting of Universität Lausanne, Lausanne.

Schorno, N., Gut, V., Conzelmann, A. & Schmid, J. (2022). Effectiveness of individual exercise and sport counseling based on motives and goals: A randomized controlled trial. *Journal of Sport and Exercise Psychology, 44* (2), 103–115. https://doi.org/10.1123/jsep.2021-0018

Schorno, N., Sudeck, G., Gut, V., Conzelmann, A. & Schmid, J. (2021). Choosing an activity that suits: development and validation of a questionnaire on motivational competence in exercise and sport. *German Journal of Exercise and Sport Research, 51* (1), 71–78. https://doi.org/10.1007/s12662-020-00698-z

Schuch, F.B., Vancampfort, D., Firth, J., Rosenbaum, S., Ward, P.B., Silva, E.S. et al. (2018). Physical activity and incident depression: A meta-analysis of prospective cohort studies. *The American Journal of Psychiatry, 175* (7), 631–648. https://doi.org/10.1176/appi.ajp.2018.17111194

Schweda, S., Sudeck, G., Schmid, J., Janßen, P. & Krauß, P. (2021). MultiPill Exercise: Konzeption eines individualisierten Bewegungsprogramms für Personen mit multiplen chronischen Erkrankungen an den Schnittstellen der Gesundheitsversorgung sowie des Freizeit- und Gesundheitssports. *B&G Bewegungstherapie Und Gesundheitssport, 37* (01), 30–36. https://doi.org/10.1055/a-1332-4871

Seelig, H. & Fuchs, R. (2006). Messung der sport- und bewegungsbezogenen Selbstkonkordanz. *Zeitschrift für Sportpsychologie, 13*, 121–139. https://doi.org/10.1026/1612-5010.13.4.121

Sheldon, K.M. & Elliot, A.J. (1999). Goal striving, need satisfaction, and longitudinal well-being: The self-concordance model. *Journal of Personality and Social Psychology, 76*, 482–497. https://doi.org/10.1037/0022-3514.76.3.482

Short, C.E., James, E.L., Plotnikoff, R.C. & Girgis, A. (2011). Efficacy of tailored-print interventions to promote physical activity: A systematic review of randomised trials. *International Journal of Behavioral Nutrition and Physical Activity, 8*, 113.

Stanley, D.M., Williams, S.E. & Cumming, J. (2009). Preliminary validation of a single-item measure of exercise enjoyment: The Exercise Enjoyment Scale. *Journal of Sport and Exercise Psychology, 31*, 138–139. https://doi.org/10.1186/1479-5868-8-113

Sudeck, G. & Conzelmann, A. (2011). Motivbasierte Passung von Sportprogrammen: explizite Motive und Ziele als Moderatoren von Befindlichkeitsveränderungen durch sportliche Aktivität. *German Journal of Exercise and Sport Research, 41*, 175–189. https://doi.org/10.1007/s12662-011-0194-8

Sudeck, G. & Conzelmann, A. (2014). Zur interindividuellen Variabilität affektiver Reaktionen im Verlauf von Freizeit- und Gesundheitssportprogrammen. *Zeitschrift für Gesundheitspsychologie, 22* (3), 89–103. https://doi.org/10.1026/0943-8149/a000118

Sudeck, G., Lehnert, K. & Conzelmann, A. (2011). Motivbasierte Sporttypen: auf dem Weg zur Personorientierung im zielgruppenspezifischen Freizeit- und Gesundheitssport. *Zeitschrift für Sport-*

psychologie, 18, 1–17. https://doi.org/10.1026/1612-5010/a000032

Sudeck, G. & Pfeifer, K. (2016). Physical activity-related health competence as an integrative objective in exercise therapy and health sports – conception and validation of a short questionnaire. *Sportwissenschaft, 46* (2), 74–87. https://doi.org/10.1007/s12662-016-0405-4

Sudeck, G. & Thiel, A. (2020). Sport, Wohlbefinden und psychische Gesundheit. In J. Schüler, M. Wegner & H. Plessner (Hrsg.), *Sportpsychologie: Grundlagen und Anwendung* (S. 551–579). Berlin: Springer.

Svebak, S. & Murgatroyd, S. (1985). Metamotivational dominance: A multimethod validation of reversal theory constructs. *Journal of Personality and Social Psychology, 48*, 107–116. https://doi.org/10.1037/0022-3514.48.1.107

Vansteenkiste, M. & Sheldon, K.M. (2006). There's nothing more practical than a good theory: Integrating motivational interviewing and self-determination theory. *The British Journal of Clinical Psychology, 45*, 63–82. https://doi.org/10.1348/014466505X34192

Wasserkampf, A. & Kleinert, J. (2016). Organismic integration as a dynamic process: A systematic review of empirical studies on change in behavioral regulations in exercise in adults. *International Review of Sport and Exercise Psychology, 9* (1), 65–95. https://doi.org/10.1080/1750984X.2015.1119873

Weichold, K. & Silbereisen, R.K. (2018). Jugend (10–20 Jahre). In W. Schneider & U. Lindenberger (Hrsg.), *Entwicklungspsychologie* (8. Aufl., S. 239–263). Weinheim: Beltz.

Wilhelm, P. & Schoebi, D. (2007). Assessing mood in daily life: Structural validity, sensitivity to change, and reliability of a short-scale to measure three basic dimensions of mood. *European Journal of Psychological Assessment, 23* (4), 258–267. https://doi.org/10.1027/1015-5759.23.4.258

Williamson, C., Baker, G., Mutrie, N., Niven, A. & Kelly, P. (2020). Get the message? A scoping review of physical activity messaging. *The International Journal of Behavioral Nutrition and Physical Activity, 17* (1), 51. https://doi.org/10.1186/s12966-020-00954-3

Willimczik, K. (2007). Die Vielfalt des Sports. *Sportwissenschaft, 37*, 19–37.

Zeller, J. (2018). *Anreizprofile und Inszenierungsformen der Sportarten Fussball, Jogging und Salsa im Breitensport.* Unveröffentlichte Masterarbeit, Universität Bern.

Sachwortverzeichnis